MYSTERY MOSAICS

COLOR BY NUMBER

SQUARES

HEXAGONS

STAINED GLASS

CIRCLES

50 DESIGNS

MYSTERIOUS OWLS

ENIGMATIC CREATURES AND ENCHANTED LANDSCAPES

 PIPO PIXEL

INTRODUCTION

WELCOME TO AN ADVENTUROUS JOURNEY FILLED WITH VIBRANT COLORS THROUGH THIS COLORING BOOK! HERE'S WHAT YOU CAN EXPECT:

VIVID AND DIVERSE "COLOR PALETTE": This book's artworks use a 26-color palette (found on the first cover page) with clearly numbered or labeled hues for easy identification. Simply familiarize yourself with these color codes, and <u>you'll be able to color every page</u> in this book and any other Pipo Pixel book effortlessly. Pipo Pixel books use consistent color symbols for a smooth coloring experience. White areas in the artwork are left blank to enhance the beauty of the final piece.

RELAXATION AND MINDFULNESS: These delicately designed floral patterns offer a serene coloring experience conducive to relaxation and meditation, promoting the therapeutic benefits of color therapy. Coloring helps adults reduce stress, improve focus and patience, stimulate creativity, and enhance fine motor skills. Completing a coloring page brings a sense of achievement, aids in relaxation before sleep, improves cognitive function, and contributes to overall well-being.

HELPFUL TIPS:

PREVENTING INK SEEPAGE: The paper in this book may not be thick enough to completely prevent ink from seeping through, and we sincerely apologize for any inconvenience this may cause. If you are using markers, water-based pens, or any coloring tools that may seep through the paper, please place a sheet of paper underneath the page you are coloring to absorb any excess ink and prevent it from affecting subsequent pages. Please check the back section of the book where we have included several blank pages for you to tear out and use as blotting paper.

FEEDBACK AND IMPROVEMENT:
We hope you enjoy using this book. If you have any feedback or suggestions, please feel free to contact us at:
CustomerPipoPixel@gmail.com

ENJOY THE SERENE EXPERIENCE OF BRINGING THESE BEAUTIFUL DESIGNS TO LIFE WITH YOUR COLORS!

♥ ♥ ♥ ♥ ♥ ♥ ♥ ♥ ♥ ♥ ♥ ♥ ♥ ♥ ♥ ♥ ♥ ♥ ♥

YOUR COLOR PALETTE

1	BLACK
2	DARK GRAY
3	GRAY
4	DARK RED
5	RED
6	RED ORANGE
7	ORANGE
8	YELLOW ORANGE
9	YELLOW
A	DARK BROWN
B	BROWN
C	TAN
D	PEACH
E	MAGENTA
F	DARK VIOLET
G	VIOLET
H	PINK
I	DARK GREEN
J	GREEN
K	YELLOW GREEN
L	AQUA GREEN
M	DARK BLUE
N	MEDIUM BLUE
O	BLUE
P	LIGHT BLUE
	WHITE

ARE YOU READY?

LET'S BEGIN!

1	BLACK	■ ■ ■ ■
4	DARK RED	■ ■ ■ ■
6	RED ORANGE	■ ■ ■ ■ ■
7	ORANGE	■ ■ ■ ■ ■
8	YELLOW ORANGE	■ ■ ■ ■ ■

SECRET
A1

C	TAN	■ ■ ■ ■
D	PEACH	■ ■ ■ ■ ■
E	MAGENTA	■ ■ ■ ■ ■
F	DARK VIOLET	■ ■ ■ ■ ■
G	VIOLET	■ ■ ■ ■ ■
H	PINK	■ ■ ■ ■ ■

L	AQUA GREEN	■ ■ ■ ■
M	DARK BLUE	■ ■ ■ ■ ■
N	MEDIUM BLUE	■ ■ ■ ■ ■
O	BLUE	■ ■ ■ ■
P	LIGHT BLUE	■ ■ ■ ■ ■
	WHITE	■ ■ ■ ■ ■

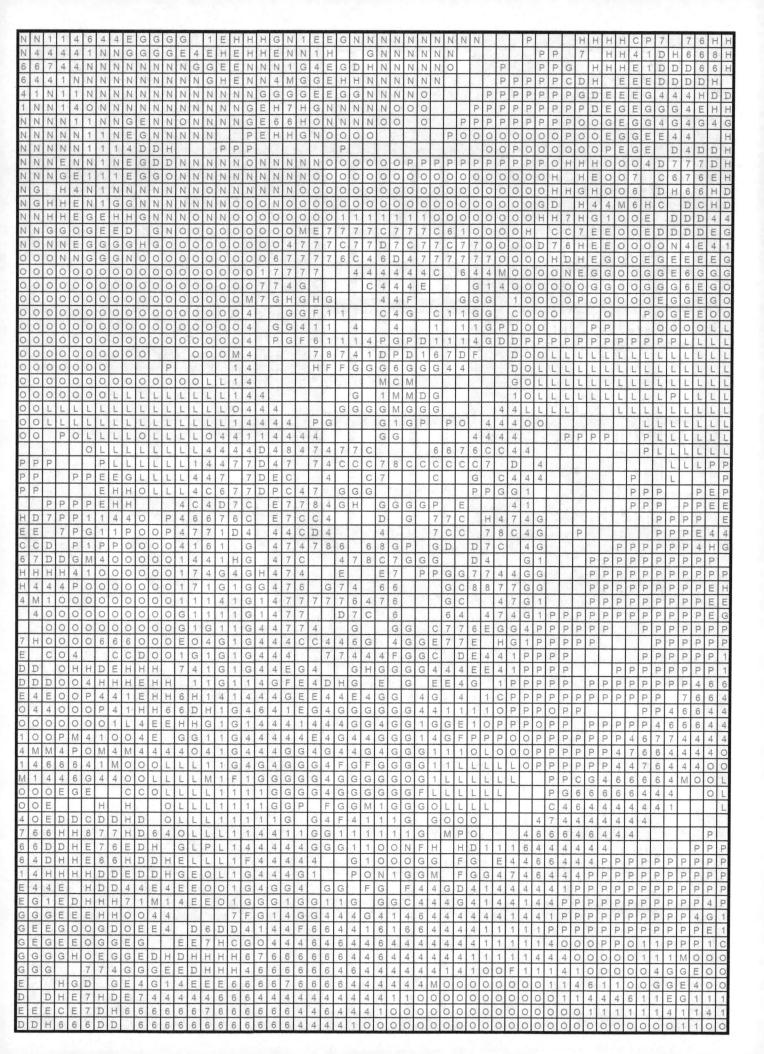

1	BLACK	■ ■ ■ ■ ■

4	DARK RED	■ ■ ■ ■ ■

6	RED ORANGE	■ ■ ■ ■ ■
7	ORANGE	■ ■ ■ ■ ■
8	YELLOW ORANGE	■ ■ ■ ■ ■
9	YELLOW	■ ■ ■ ■ ■
A	DARK BROWN	■ ■ ■ ■ ■
B	BROWN	■ ■ ■ ■ ■
C	TAN	■ ■ ■ ■ ■
D	PEACH	■ ■ ■ ■ ■

SECRET
A2

I	DARK GREEN	■ ■ ■ ■ ■
J	GREEN	■ ■ ■ ■ ■
K	YELLOW GREEN	■ ■ ■ ■ ■
L	AQUA GREEN	■ ■ ■ ■ ■
M	DARK BLUE	■ ■ ■ ■ ■
N	MEDIUM BLUE	■ ■ ■ ■ ■
O	BLUE	■ ■ ■ ■ ■
P	LIGHT BLUE	■ ■ ■ ■ ■
	WHITE	■ ■ ■ ■ ■

1	BLACK	■	■	■	■	■	
4	DARK RED	■		■	■	■	
6	RED ORANGE	■	■	■	■	■	
7	ORANGE	■	■	■	■	■	
8	YELLOW ORANGE	■	■	■	■	■	
9	YELLOW	■	■	■	■	■	
C	TAN	■	■	■		■	■
E	MAGENTA	■	■	■	■	■	■
F	DARK VIOLET	■	■	■	■	■	■
G	VIOLET	■	■	■	■	■	■
H	PINK	■	■	■	■	■	■
I	DARK GREEN	■	■	■	■	■	■
J	GREEN	■	■	■	■	■	
L	AQUA GREEN	■	■	■	■	■	
M	DARK BLUE	■	■	■	■	■	
N	MEDIUM BLUE	■	■	■	■	■	
O	BLUE	■	■	■	■	■	
P	LIGHT BLUE	■	■	■	■	■	
	WHITE	■	■	■	■	■	

SECRET
A3

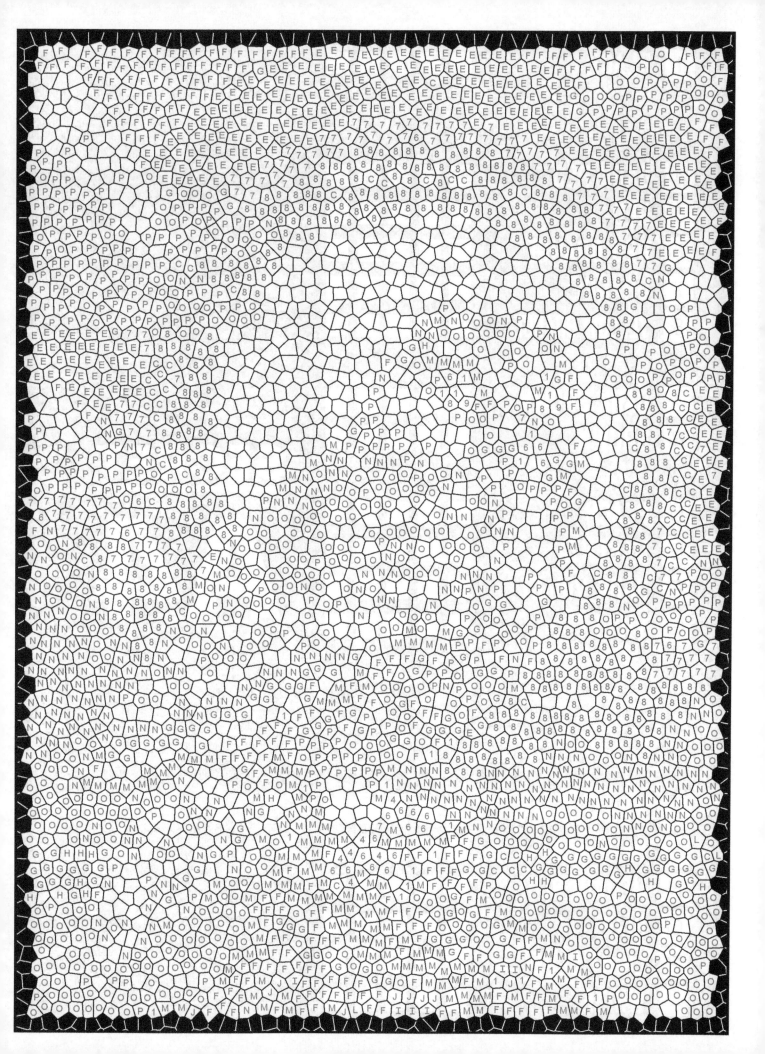

1	BLACK	■ ■ ■ ■ ■

4	DARK RED	■ ■ ■ ■ ■
5	RED	■ ■ ■ ■ ■
6	RED ORANGE	■ ■ ■ ■ ■
7	ORANGE	■ ■ ■ ■ ■
8	YELLOW ORANGE	■ ■ ■ ■ ■

A	DARK BROWN	■ ■ ■ ■ ■
B	BROWN	■ ■ ■ ■ ■

D	PEACH	■ ■ ■ ■ ■
E	MAGENTA	■ ■ ■ ■ ■
F	DARK VIOLET	■ ■ ■ ■ ■
G	VIOLET	■ ■ ■ ■ ■

SECRET
A4

L	AQUA GREEN	■ ■ ■ ■ ■
M	DARK BLUE	■ ■ ■ ■ ■
N	MEDIUM BLUE	■ ■ ■ ■ ■
O	BLUE	■ ■ ■ ■ ■
P	LIGHT BLUE	■ ■ ■ ■ ■
	WHITE	■ ■ ■ ■ ■

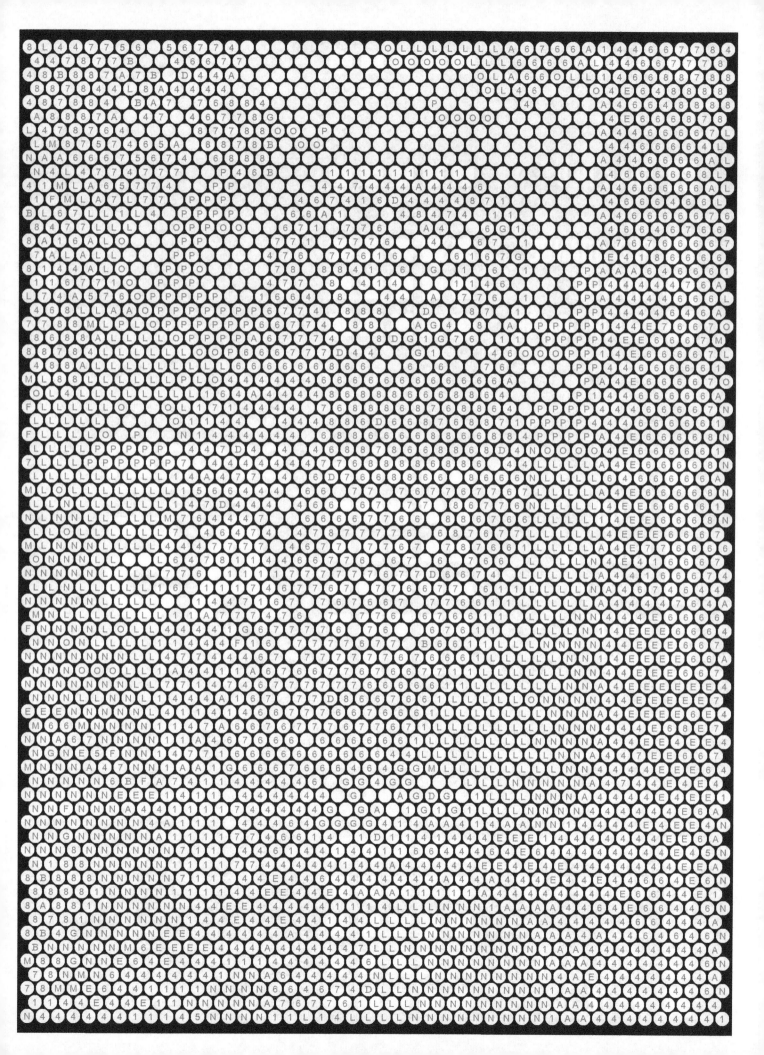

1	BLACK	■ ■ ■ ■

4	DARK RED	■ ■ ■ ■

6	RED ORANGE	■ ■ ■ ■ ■
7	ORANGE	■ ■ ■ ■ ■
8	YELLOW ORANGE	■ ■ ■ ■ ■

SECRET

A5

C	TAN	■ ■ ■ ■ ■
D	PEACH	■ ■ ■ ■ ■
E	MAGENTA	■ ■ ■ ■ ■
F	DARK VIOLET	■ ■ ■ ■ ■
G	VIOLET	■ ■ ■ ■ ■
H	PINK	■ ■ ■ ■ ■

M	DARK BLUE	■ ■ ■ ■ ■
N	MEDIUM BLUE	■ ■ ■ ■ ■
O	BLUE	■ ■ ■ ■ ■
P	LIGHT BLUE	■ ■ ■ ■ ■
	WHITE	■ ■ ■ ■

1	BLACK	■ ■ ■ ■

4	DARK RED	■ ■ ■ ■
5	RED	■ ■ ■ ■
6	RED ORANGE	■ ■ ■ ■
7	ORANGE	■ ■ ■ ■
8	YELLOW ORANGE	■ ■ ■ ■
9	YELLOW	■ ■ ■ ■
A	DARK BROWN	■ ■ ■ ■
B	BROWN	■ ■ ■ ■
C	TAN	■ ■ ■ ■
D	PEACH	■ ■ ■ ■

SECRET
B1

M	DARK BLUE	■ ■ ■ ■
N	MEDIUM BLUE	■ ■ ■ ■
O	BLUE	■ ■ ■ ■
P	LIGHT BLUE	■ ■ ■ ■
	WHITE	■ ■ ■ ■

1 BLACK	▪ ▪ ▪ ▪	
4 DARK RED	▪ ▪ ▪ ▪	
5 RED	▪ ▪ ▪ ▪	
6 RED ORANGE	▪ ▪ ▪ ▪	
7 ORANGE	▪ ▪ ▪ ▪	
8 YELLOW ORANGE	▪ ▪ ▪ ▪	
9 YELLOW	▪ ▪ ▪ ▪	
A DARK BROWN	▪ ▪ ▪ ▪	

SECRET

B2

F DARK VIOLET	▪ ▪ ▪ ▪	
G VIOLET	▪ ▪ ▪ ▪	
I DARK GREEN	▪ ▪ ▪ ▪	
J GREEN	▪ ▪ ▪ ▪	
K YELLOW GREEN	▪ ▪ ▪ ▪	
M DARK BLUE	▪ ▪ ▪ ▪	
N MEDIUM BLUE	▪ ▪ ▪ ▪	
O BLUE	▪ ▪ ▪ ▪	
P LIGHT BLUE	▪ ▪ ▪ ▪	
WHITE	▪ ▪ ▪ ▪	

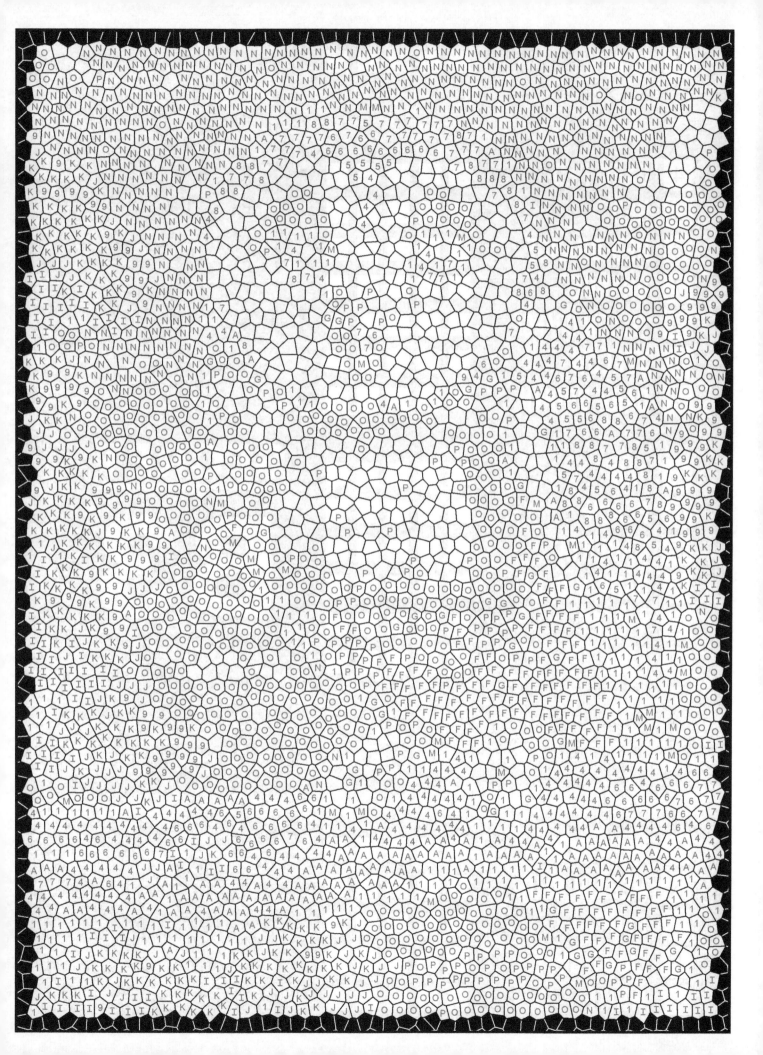

1	BLACK	■ ■ ■ ■ ■

4	DARK RED	■ ■ ■ ■ ■
5	RED	■ ■ ■ ■ ■
6	RED ORANGE	■ ■ ■ ■ ■
7	ORANGE	■ ■ ■ ■ ■
8	YELLOW ORANGE	■ ■ ■ ■ ■
9	YELLOW	■ ■ ■ ■ ■
A	DARK BROWN	■ ■ ■ ■ ■

C	TAN	■ ■ ■ ■ ■
D	PEACH	■ ■ ■ ■ ■
E	MAGENTA	■ ■ ■ ■ ■
F	DARK VIOLET	■ ■ ■ ■ ■
G	VIOLET	■ ■ ■ ■ ■
H	PINK	■ ■ ■ ■ ■

SECRET
B3

M	DARK BLUE	■ ■ ■ ■ ■
N	MEDIUM BLUE	■ ■ ■ ■ ■
O	BLUE	■ ■ ■ ■ ■
P	LIGHT BLUE	■ ■ ■ ■ ■
	WHITE	■ ■ ■ ■ ■

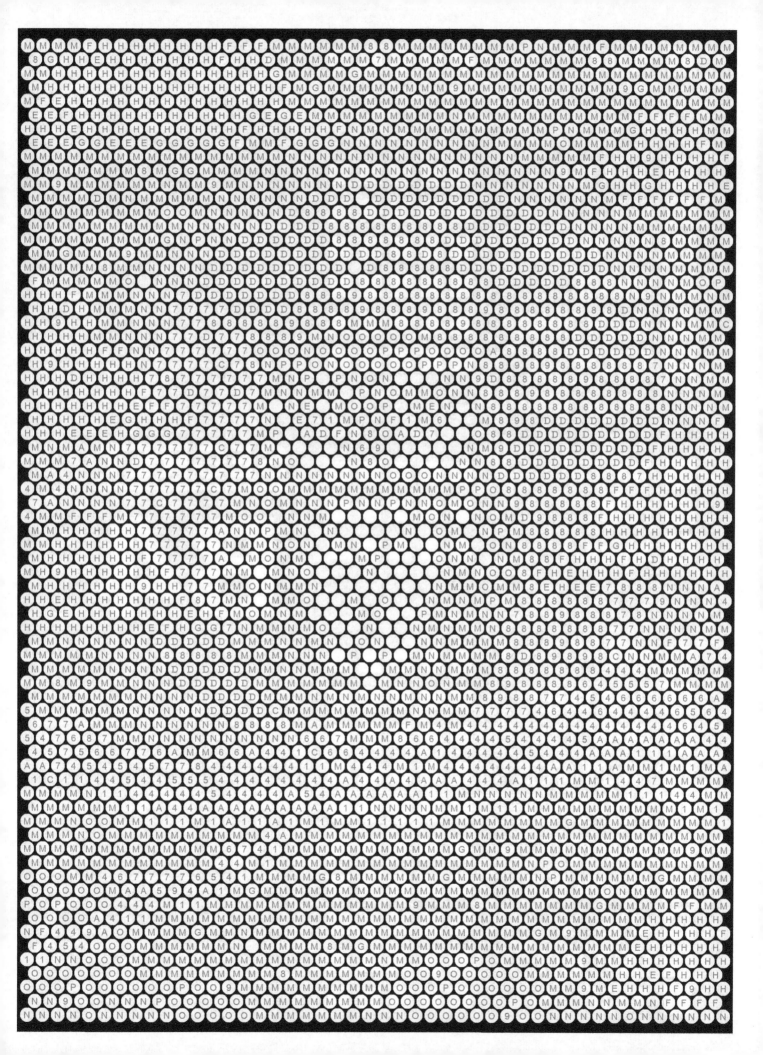

1	BLACK	▫ ▫ ▫ ▫ ▫

4	DARK RED	▫ ▫ ▫ ▫
5	RED	▫ ▫ ▫ ▫
6	RED ORANGE	▫ ▫ ▫ ▫
7	ORANGE	▫ ▫ ▫ ▫
8	YELLOW ORANGE	▫ ▫ ▫ ▫
9	YELLOW	▫ ▫ ▫ ▫

C	TAN	▫ ▫ ▫ ▫ ▫
D	PEACH	▫ ▫ ▫ ▫
E	MAGENTA	▫ ▫ ▫ ▫

SECRET

B4

H	PINK	▫ ▫ ▫ ▫
I	DARK GREEN	▫ ▫ ▫ ▫
J	GREEN	▫ ▫ ▫ ▫
K	YELLOW GREEN	▫ ▫ ▫ ▫
L	AQUA GREEN	▫ ▫ ▫ ▫
M	DARK BLUE	▫ ▫ ▫ ▫
N	MEDIUM BLUE	▫ ▫ ▫ ▫
O	BLUE	▫ ▫ ▫ ▫
P	LIGHT BLUE	▫ ▫ ▫ ▫
	WHITE	▫ ▫ ▫ ▫

1	BLACK	■ ■ ■ ■

4	DARK RED	■ ■ ■ ■
5	RED	■ ■ ■ ■
6	RED ORANGE	■ ■ ■ ■
7	ORANGE	■ ■ ■ ■
8	YELLOW ORANGE	■ ■ ■ ■
9	YELLOW	■ ■ ■ ■

C	TAN	■ ■ ■ ■ ■

B5

E	MAGENTA	■ ■ ■ ■
F	DARK VIOLET	■ ■ ■ ■
G	VIOLET	■ ■ ■ ■

L	AQUA GREEN	■ ■ ■ ■
M	DARK BLUE	■ ■ ■ ■
N	MEDIUM BLUE	■ ■ ■ ■
O	BLUE	■ ■ ■ ■
P	LIGHT BLUE	■ ■ ■ ■
	WHITE	■ ■ ■ ■

1	BLACK	■ ■ ■ ■

4	DARK RED	■ ■ ■ ■
5	RED	■ ■ ■ ■
6	RED ORANGE	■ ■ ■ ■
7	ORANGE	■ ■ ■ ■
8	YELLOW ORANGE	■ ■ ■ ■
9	YELLOW	■ ■ ■ ■
A	DARK BROWN	■ ■ ■ ■
B	BROWN	■ ■ ■ ■

SECRET
C1

L	AQUA GREEN	■ ■ ■
M	DARK BLUE	■ ■ ■ ■
N	MEDIUM BLUE	■ ■ ■ ■
O	BLUE	■ ■ ■ ■
P	LIGHT BLUE	■ ■ ■ ■
	WHITE	■ ■ ■ ■

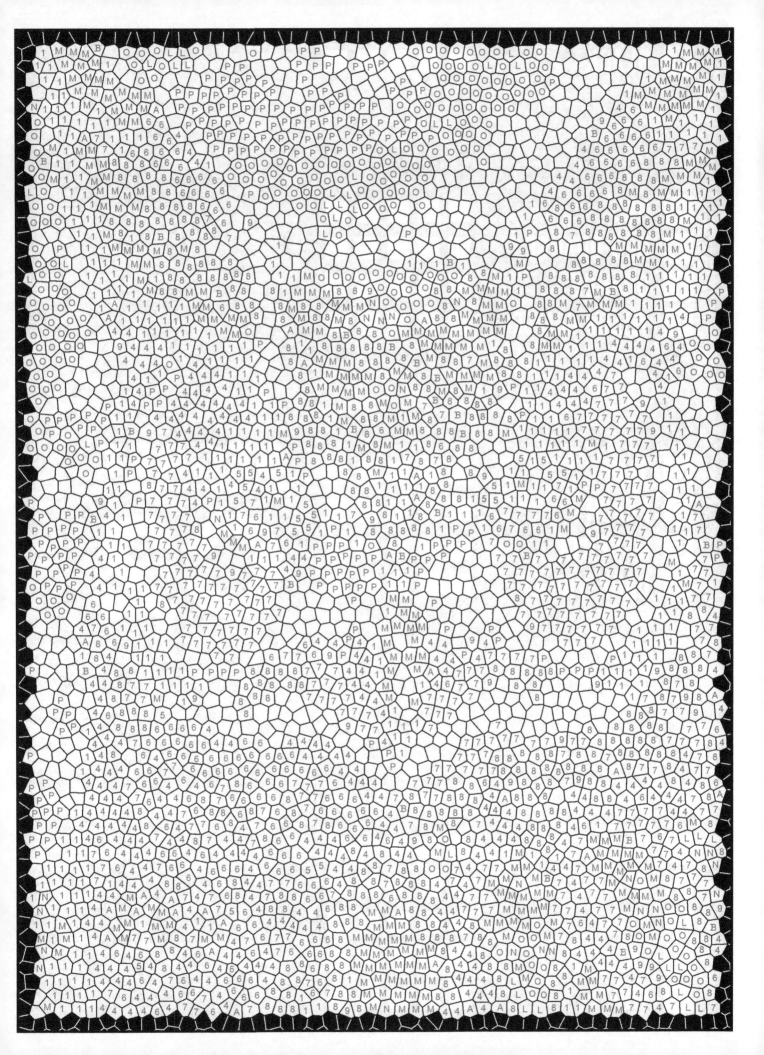

| 1 | BLACK |

5	RED
6	RED ORANGE
7	ORANGE
8	YELLOW ORANGE

C	TAN
D	PEACH
E	MAGENTA
F	DARK VIOLET

SECRET
C2

M	DARK BLUE
N	MEDIUM BLUE
O	BLUE
P	LIGHT BLUE
	WHITE

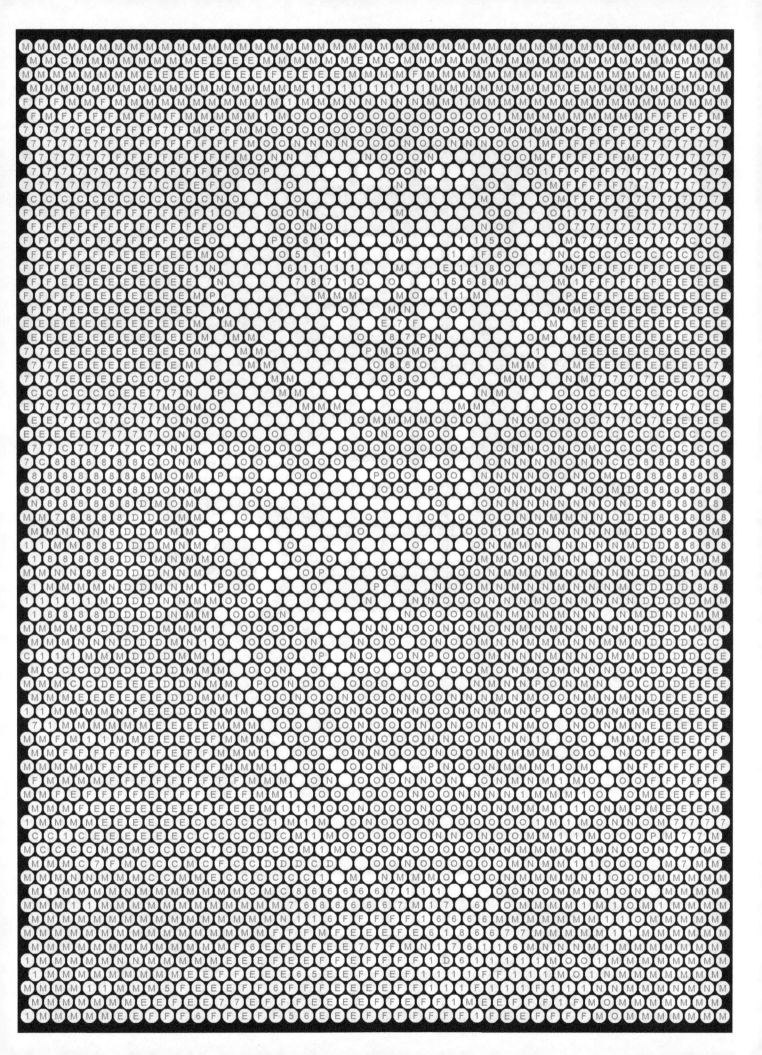

1	BLACK				
4	DARK RED				
6	RED ORANGE				
7	ORANGE				
8	YELLOW ORANGE				
A	DARK BROWN				
B	BROWN				
C	TAN				
D	PEACH				
E	MAGENTA				
G	VIOLET				
H	PINK				
K	YELLOW GREEN				
M	DARK BLUE				
N	MEDIUM BLUE				
O	BLUE				
P	LIGHT BLUE				
	WHITE				

SECRET
C3

1 BLACK	■ ■ ■ ■ ■	
4 DARK RED	■ ■ ■ ■ ■	
6 RED ORANGE	■ ■ ■ ■ ■	
7 ORANGE	■ ■ ■ ■ ■	
8 YELLOW ORANGE	■ ■ ■ ■ ■	
9 YELLOW	■ ■ ■ ■ ■	

SECRET
C4

F DARK VIOLET	■ ■ ■ ■ ■	
G VIOLET	■ ■ ■ ■ ■	
I DARK GREEN	■ ■ ■ ■ ■	
J GREEN	■ ■ ■ ■ ■	
K YELLOW GREEN	■ ■ ■ ■ ■	
L AQUA GREEN	■ ■ ■ ■ ■	
M DARK BLUE	■ ■ ■ ■ ■	
N MEDIUM BLUE	■ ■ ■ ■ ■	
O BLUE	■ ■ ■ ■ ■	
P LIGHT BLUE	■ ■ ■ ■ ■	
WHITE	■ ■ ■ ■ ■	

1	BLACK	■ ■ ■ ■
4	DARK RED	■ ■ ■ ■
6	RED ORANGE	■ ■ ■ ■
7	ORANGE	■ ■ ■ ■
8	YELLOW ORANGE	■ ■ ■ ■
9	YELLOW	■ ■ ■ ■

SECRET
C5

C	TAN	■ ■ ■ ■
D	PEACH	■ ■ ■ ■
E	MAGENTA	■ ■ ■ ■
F	DARK VIOLET	■ ■ ■ ■
G	VIOLET	■ ■ ■ ■
H	PINK	■ ■ ■ ■

M	DARK BLUE	■ ■ ■ ■
N	MEDIUM BLUE	■ ■ ■ ■
O	BLUE	■ ■ ■ ■
P	LIGHT BLUE	■ ■ ■ ■
	WHITE	■ ■ ■ ■

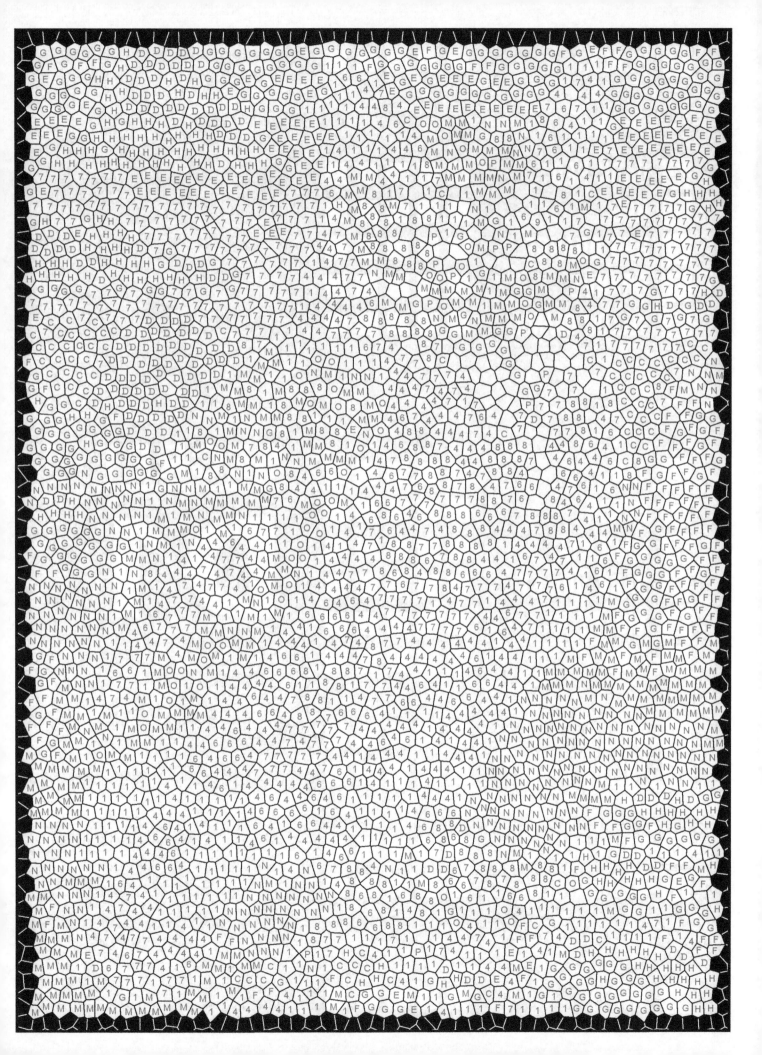

1	BLACK	■ ■ ■ ■

4	DARK RED	■ ■ ■ ■
5	RED	■ ■ ■ ■
6	RED ORANGE	■ ■ ■ ■
7	ORANGE	■ ■ ■ ■
8	YELLOW ORANGE	■ ■ ■ ■

C	TAN	■ ■ ■
D	PEACH	■ ■ ■ ■
E	MAGENTA	■ ■ ■ ■
F	DARK VIOLET	■ ■ ■ ■
G	VIOLET	■ ■ ■ ■
H	PINK	■ ■ ■ ■

J	GREEN	■ ■ ■
K	YELLOW GREEN	■ ■ ■ ■

M	DARK BLUE	■ ■ ■ ■
N	MEDIUM BLUE	■ ■ ■ ■

	WHITE	■ ■ ■ ■

SECRET

D1

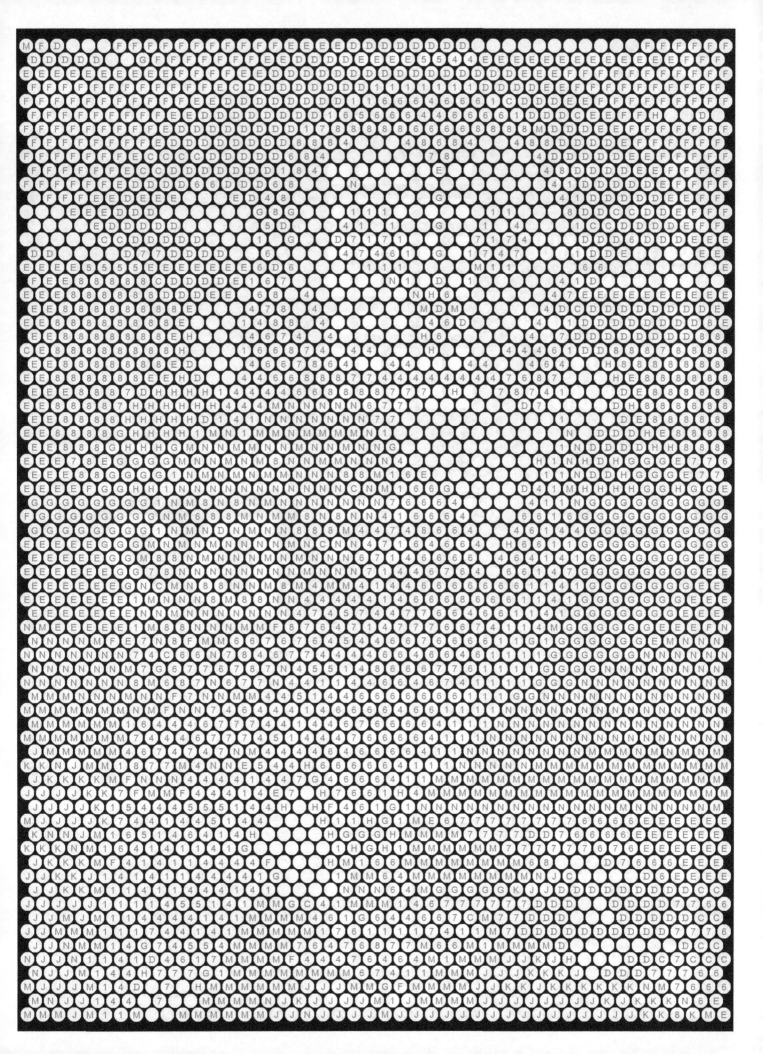

1	BLACK	■ ■ ■ ■ ■

4	DARK RED	■ ■ ■ ■ ■
5	RED	■ ■ ■ ■ ■
6	RED ORANGE	■ ■ ■ ■ ■
7	ORANGE	■ ■ ■ ■ ■
8	YELLOW ORANGE	■ ■ ■ ■ ■
9	YELLOW	■ ■ ■ ■ ■
A	DARK BROWN	■ ■ ■ ■ ■

SECRET
D2

D	PEACH	■ ■ ■ ■ ■
E	MAGENTA	■ ■ ■ ■ ■

I	DARK GREEN	■ ■ ■ ■ ■
J	GREEN	■ ■ ■ ■ ■
K	YELLOW GREEN	■ ■ ■ ■ ■
L	AQUA GREEN	■ ■ ■ ■ ■
M	DARK BLUE	■ ■ ■ ■ ■
N	MEDIUM BLUE	■ ■ ■ ■ ■
O	BLUE	■ ■ ■ ■ ■
P	LIGHT BLUE	■ ■ ■ ■ ■
	WHITE	■ ■ ■ ■ ■

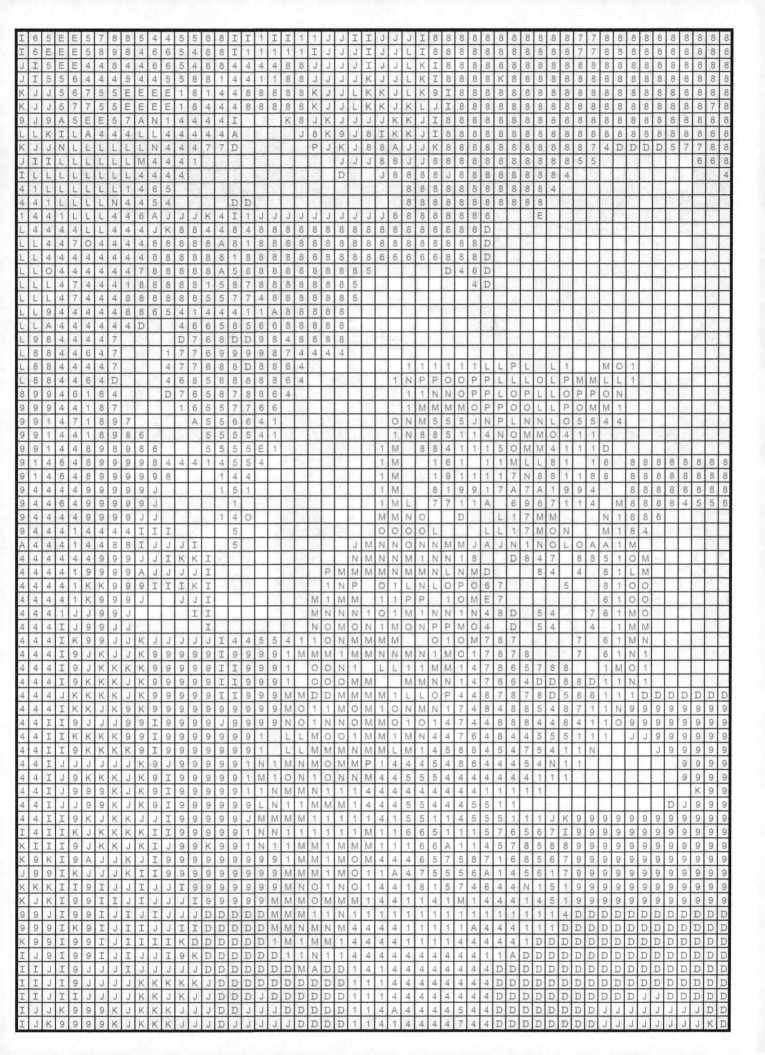

1	BLACK	□ □ □ □ □
4	DARK RED	□ □ □ □ □
6	RED ORANGE	□ □ □ □ □
7	ORANGE	□ □ □ □ □
8	YELLOW ORANGE	□ □ □ □ □
9	YELLOW	□ □ □ □ □

SECRET

D3

D	PEACH	□ □ □ □ □
E	MAGENTA	□ □ □ □ □
F	DARK VIOLET	□ □ □ □ □
G	VIOLET	□ □ □ □ □
I	DARK GREEN	□ □ □ □ □
J	GREEN	□ □ □ □ □
M	DARK BLUE	□ □ □ □ □
N	MEDIUM BLUE	□ □ □ □ □
O	BLUE	□ □ □ □ □
P	LIGHT BLUE	□ □ □ □ □
	WHITE	□ □ □ □ □

1	BLACK	■ ■ ■ ■ ■

4	DARK RED	■ ■ ■ ■ ■

6	RED ORANGE	■ ■ ■ ■
7	ORANGE	■ ■ ■ ■

9	YELLOW	■ ■ ■ ■

SECRET
D4

E	MAGENTA	■ ■ ■ ■
F	DARK VIOLET	■ ■ ■ ■
G	VIOLET	■ ■ ■ ■

I	DARK GREEN	■ ■ ■ ■
J	GREEN	■ ■ ■ ■
K	YELLOW GREEN	■ ■ ■ ■
L	AQUA GREEN	■ ■ ■ ■
M	DARK BLUE	■ ■ ■ ■
N	MEDIUM BLUE	■ ■ ■ ■
O	BLUE	■ ■ ■ ■
P	LIGHT BLUE	■ ■ ■ ■
	WHITE	■ ■ ■ ■ ■

| 1 | BLACK | ■ ■ ■ ■ |

4	DARK RED	■ ■ ■ ■
5	RED	■ ■ ■ ■
6	RED ORANGE	■ ■ ■ ■
7	ORANGE	■ ■ ■ ■
8	YELLOW ORANGE	■ ■ ■ ■
9	YELLOW	■ ■ ■ ■

SECRET
D5

E	MAGENTA	■ ■ ■ ■
F	DARK VIOLET	■ ■ ■ ■
G	VIOLET	■ ■ ■ ■

L	AQUA GREEN	■ ■ ■ ■
M	DARK BLUE	■ ■ ■ ■
N	MEDIUM BLUE	■ ■ ■ ■
O	BLUE	■ ■ ■ ■
P	LIGHT BLUE	■ ■ ■ ■
	WHITE	■ ■ ■ ■

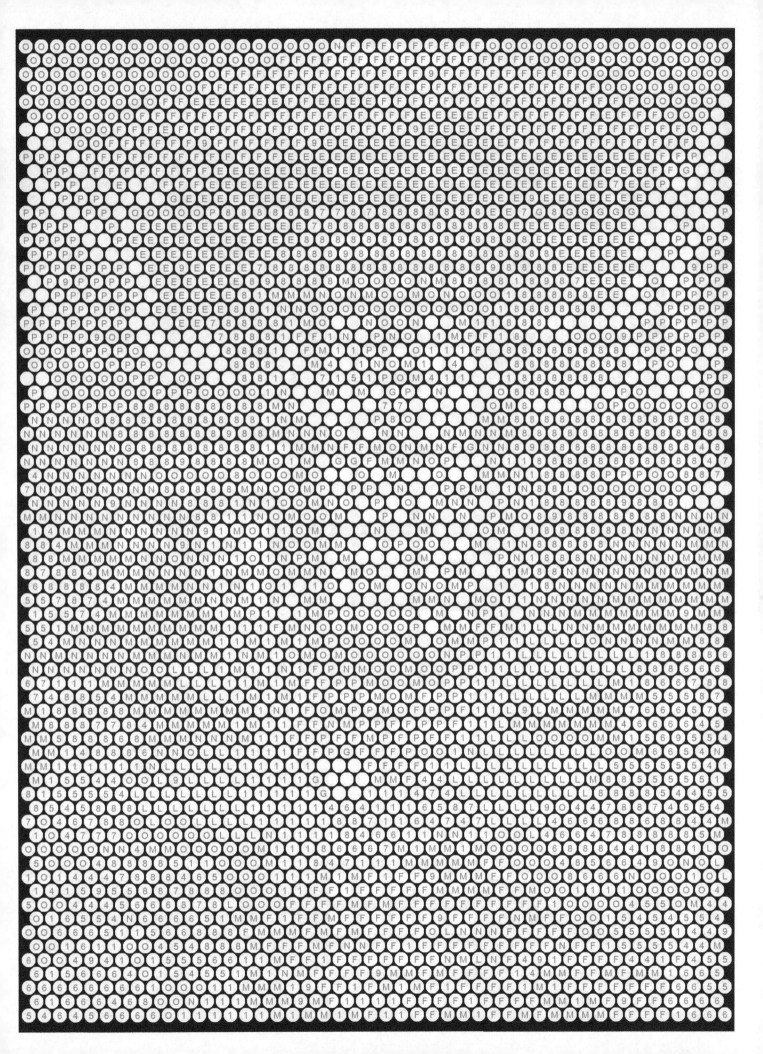

1	BLACK	☐ ☐ ☐ ☐ ☐
4	DARK RED	☐ ☐ ☐ ☐ ☐
6	RED ORANGE	☐ ☐ ☐ ☐ ☐
7	ORANGE	☐ ☐ ☐ ☐ ☐
8	YELLOW ORANGE	☐ ☐ ☐ ☐ ☐
9	YELLOW	☐ ☐ ☐ ☐ ☐
A	DARK BROWN	☐ ☐ ☐ ☐ ☐
B	BROWN	☐ ☐ ☐ ☐ ☐
C	TAN	☐ ☐ ☐ ☐ ☐
D	PEACH	☐ ☐ ☐ ☐ ☐
E	MAGENTA	☐ ☐ ☐ ☐ ☐
F	DARK VIOLET	☐ ☐ ☐ ☐ ☐
G	VIOLET	☐ ☐ ☐ ☐ ☐
I	DARK GREEN	☐ ☐ ☐ ☐ ☐
J	GREEN	☐ ☐ ☐ ☐ ☐
K	YELLOW GREEN	☐ ☐ ☐ ☐ ☐
M	DARK BLUE	☐ ☐ ☐ ☐ ☐
N	MEDIUM BLUE	☐ ☐ ☐ ☐ ☐
O	BLUE	☐ ☐ ☐ ☐ ☐
P	LIGHT BLUE	☐ ☐ ☐ ☐ ☐
	WHITE	☐ ☐ ☐ ☐ ☐

SECRET
E 1

1	BLACK	■ ■ ■ ■ ■
4	DARK RED	■ ■ ■ ■ ■
5	RED	■ ■ ■ ■ ■
6	RED ORANGE	■ ■ ■ ■ ■
7	ORANGE	■ ■ ■ ■ ■
8	YELLOW ORANGE	■ ■ ■ ■ ■
9	YELLOW	■ ■ ■ ■ ■
A	DARK BROWN	■ ■ ■ ■ ■
C	TAN	■ ■ ■ ■ ■
E	MAGENTA	■ ■ ■ ■ ■
F	DARK VIOLET	■ ■ ■ ■ ■
G	VIOLET	■ ■ ■ ■ ■
I	DARK GREEN	■ ■ ■ ■ ■
J	GREEN	■ ■ ■ ■ ■
K	YELLOW GREEN	■ ■ ■ ■ ■
L	AQUA GREEN	■ ■ ■ ■ ■
M	DARK BLUE	■ ■ ■ ■ ■
N	MEDIUM BLUE	■ ■ ■ ■ ■
O	BLUE	■ ■ ■ ■ ■
P	LIGHT BLUE	■ ■ ■ ■ ■
	WHITE	■ ■ ■ ■ ■

SECRET
E2

| 1 | BLACK | ☐ ☐ ☐ ☐ ☐ |

4	DARK RED	☐ ☐ ☐ ☐ ☐
5	RED	☐ ☐ ☐ ☐ ☐
6	RED ORANGE	☐ ☐ ☐ ☐ ☐
7	ORANGE	☐ ☐ ☐ ☐ ☐
8	YELLOW ORANGE	☐ ☐ ☐ ☐ ☐
9	YELLOW	☐ ☐ ☐ ☐ ☐

| C | TAN | ☐ ☐ ☐ ☐ ☐ |

SECRET
E3

G	VIOLET	☐ ☐ ☐ ☐ ☐
H	PINK	☐ ☐ ☐ ☐ ☐
I	DARK GREEN	☐ ☐ ☐ ☐ ☐
J	GREEN	☐ ☐ ☐ ☐ ☐
K	YELLOW GREEN	☐ ☐ ☐ ☐ ☐
L	AQUA GREEN	☐ ☐ ☐ ☐ ☐
M	DARK BLUE	☐ ☐ ☐ ☐ ☐
N	MEDIUM BLUE	☐ ☐ ☐ ☐ ☐
O	BLUE	☐ ☐ ☐ ☐ ☐
P	LIGHT BLUE	☐ ☐ ☐ ☐ ☐
	WHITE	☐ ☐ ☐ ☐ ☐

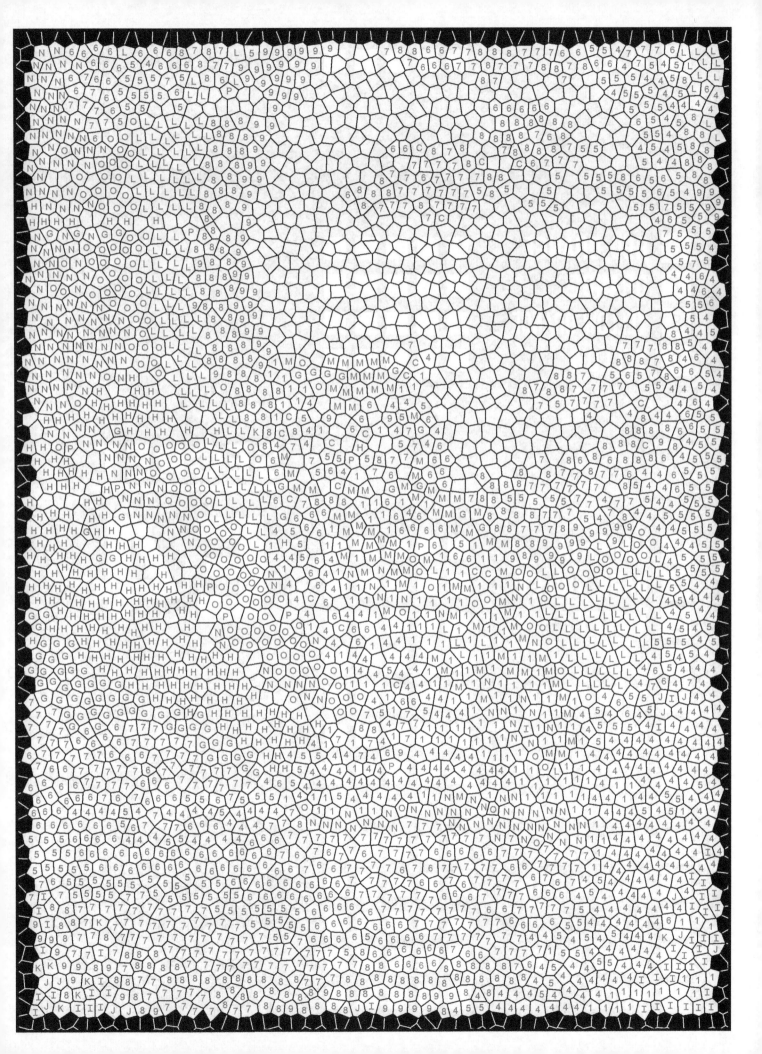

1	BLACK	■ ■ ■ ■ ■

6	RED ORANGE	■ ■ ■ ■
7	ORANGE	■ ■ ■ ■
8	YELLOW ORANGE	■ ■ ■ ■
9	YELLOW	■ ■ ■ ■

SECRET

E4

E	MAGENTA	■ ■ ■ ■ ■
F	DARK VIOLET	■ ■ ■ ■
G	VIOLET	■ ■ ■ ■
H	PINK	■ ■ ■ ■
I	DARK GREEN	■ ■ ■ ■
J	GREEN	■ ■ ■ ■
K	YELLOW GREEN	■ ■ ■ ■

M	DARK BLUE	■ ■ ■ ■
N	MEDIUM BLUE	■ ■ ■ ■
O	BLUE	■ ■ ■ ■
P	LIGHT BLUE	■ ■ ■ ■
	WHITE	■ ■ ■ ■

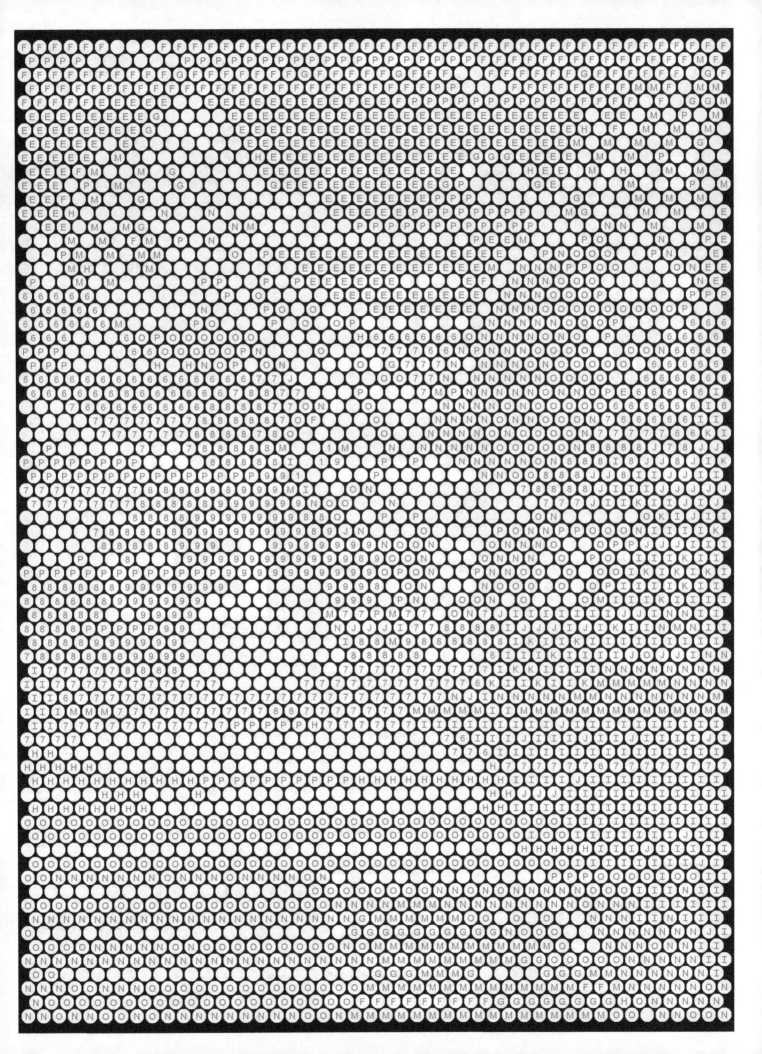

1	BLACK
4	DARK RED
7	ORANGE
8	YELLOW ORANGE
9	YELLOW
A	DARK BROWN
C	TAN
E	MAGENTA
F	DARK VIOLET
G	VIOLET
H	PINK
M	DARK BLUE
N	MEDIUM BLUE
O	BLUE
P	LIGHT BLUE
	WHITE

SECRET

E5

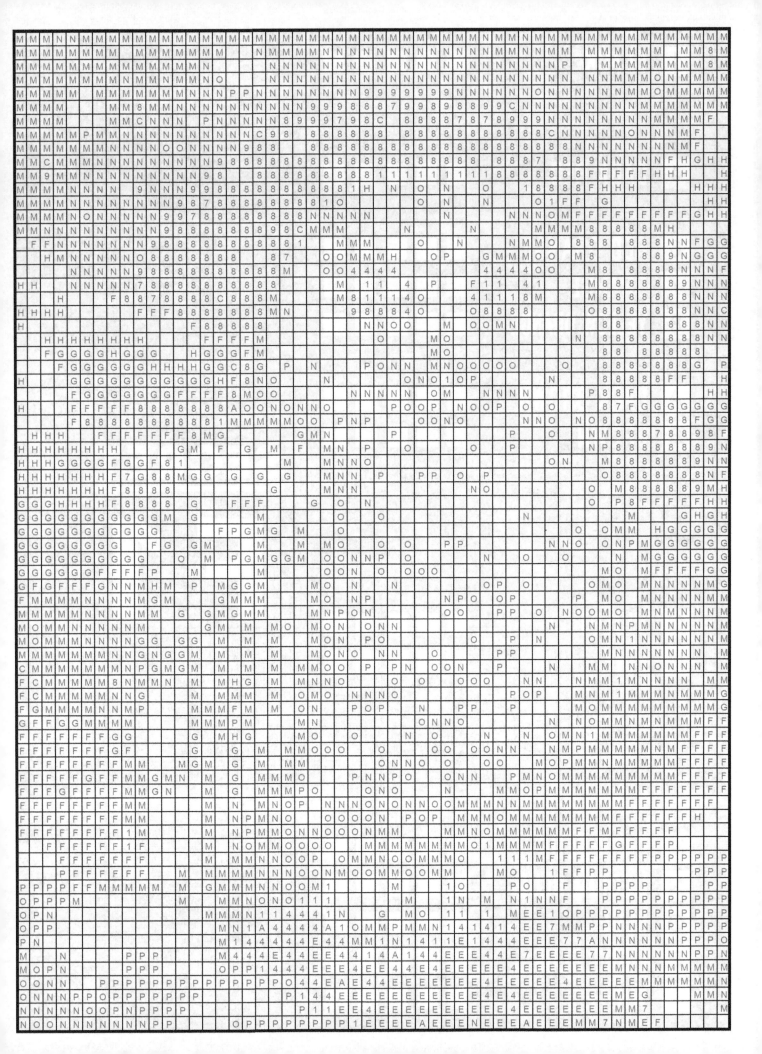

1	BLACK	■ ■ ■ ■ ■
4	DARK RED	■ ■ ■ ■ ■
6	RED ORANGE	■ ■ ■ ■ ■
7	ORANGE	■ ■ ■ ■ ■
8	YELLOW ORANGE	■ ■ ■ ■ ■
A	DARK BROWN	■ ■ ■ ■ ■
B	BROWN	■ ■ ■ ■ ■

SECRET
F1

G	VIOLET	■ ■ ■ ■ ■
H	PINK	■ ■ ■ ■ ■
M	DARK BLUE	■ ■ ■ ■ ■
N	MEDIUM BLUE	■ ■ ■ ■ ■
O	BLUE	■ ■ ■ ■ ■
P	LIGHT BLUE	■ ■ ■ ■ ■
	WHITE	■ ■ ■ ■ ■

1	BLACK

4	DARK RED

6	RED ORANGE
7	ORANGE
8	YELLOW ORANGE

A	DARK BROWN
B	BROWN
C	TAN
D	PEACH

SECRET
F2

I	DARK GREEN
J	GREEN
K	YELLOW GREEN
L	AQUA GREEN
M	DARK BLUE
N	MEDIUM BLUE
O	BLUE
P	LIGHT BLUE
	WHITE

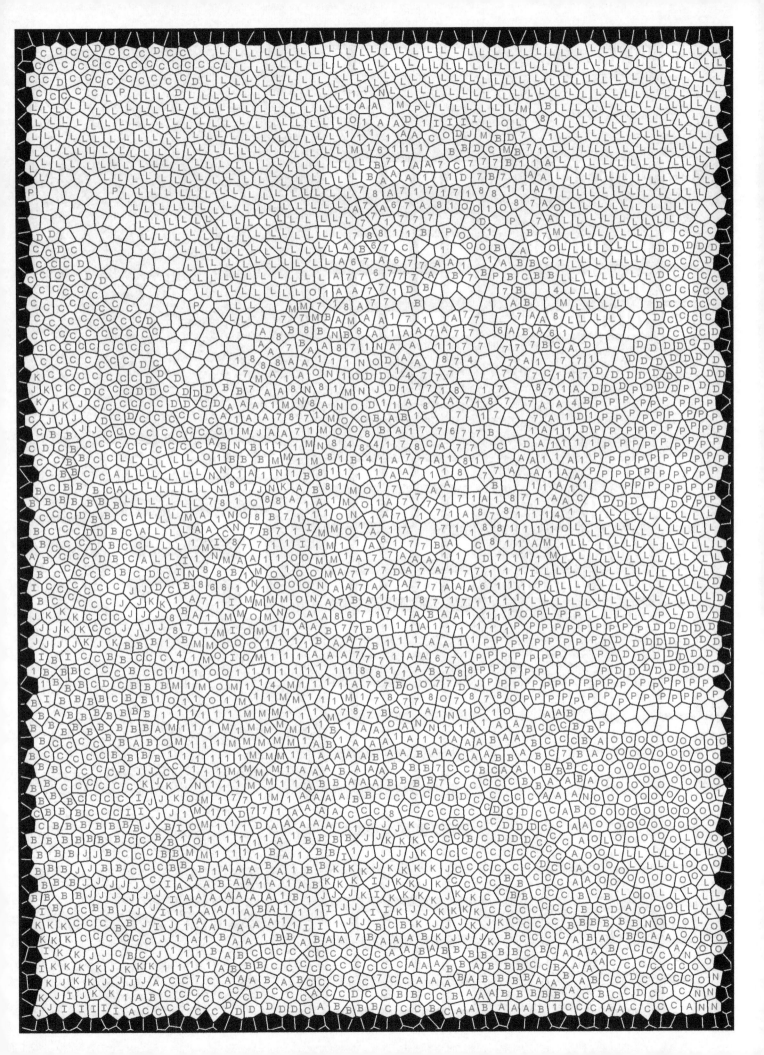

| 1 | BLACK | ☐ ☐ ☐ ☐ ☐ |

| 4 | DARK RED | ☐ ☐ ☐ ☐ ☐ |

6	RED ORANGE	☐ ☐ ☐ ☐ ☐
7	ORANGE	☐ ☐ ☐ ☐ ☐
8	YELLOW ORANGE	☐ ☐ ☐ ☐ ☐

C	TAN	☐ ☐ ☐ ☐ ☐
D	PEACH	☐ ☐ ☐ ☐ ☐
E	MAGENTA	☐ ☐ ☐ ☐ ☐
F	DARK VIOLET	☐ ☐ ☐ ☐ ☐
G	VIOLET	☐ ☐ ☐ ☐ ☐

I	DARK GREEN	☐ ☐ ☐ ☐ ☐
J	GREEN	☐ ☐ ☐ ☐ ☐
K	YELLOW GREEN	☐ ☐ ☐ ☐ ☐
L	AQUA GREEN	☐ ☐ ☐ ☐ ☐
M	DARK BLUE	☐ ☐ ☐ ☐ ☐
N	MEDIUM BLUE	☐ ☐ ☐ ☐ ☐
O	BLUE	☐ ☐ ☐ ☐ ☐
P	LIGHT BLUE	☐ ☐ ☐ ☐ ☐
	WHITE	☐ ☐ ☐ ☐ ☐

SECRET
F3

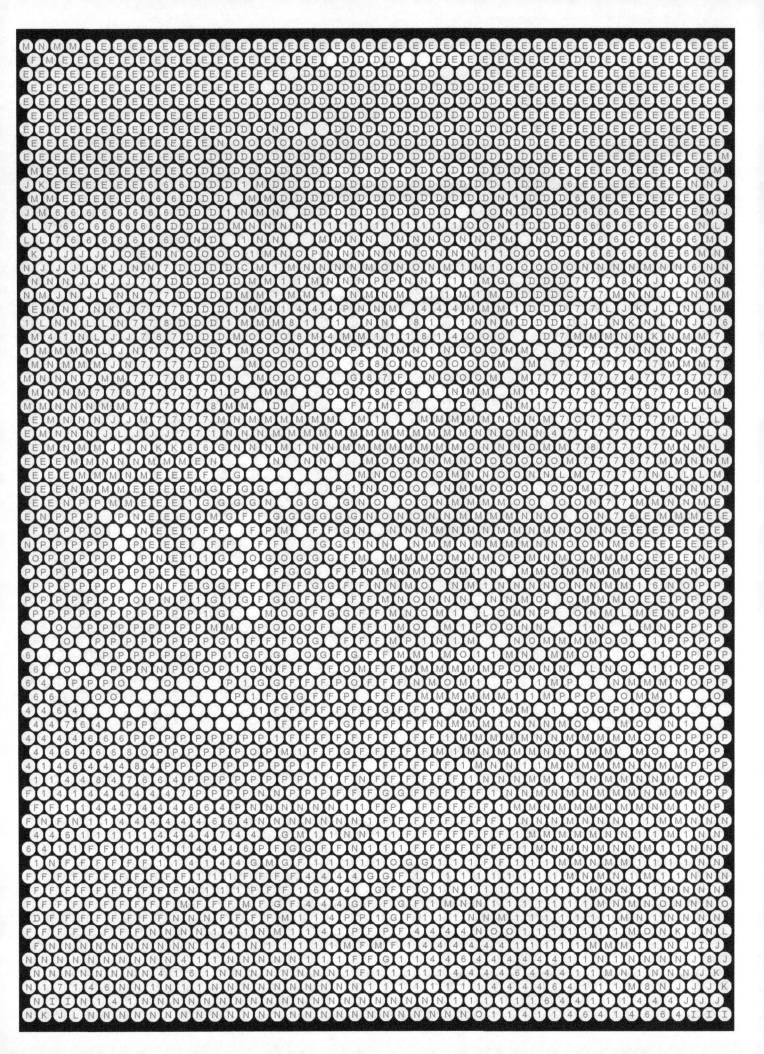

| 1 | BLACK | ■ ■ ■ ■ ■ |

4	DARK RED	■ ■ ■ ■ ■
5	RED	■ ■ ■ ■ ■
6	RED ORANGE	■ ■ ■ ■ ■
7	ORANGE	■ ■ ■ ■ ■
8	YELLOW ORANGE	■ ■ ■ ■ ■
9	YELLOW	■ ■ ■ ■ ■
A	DARK BROWN	■ ■ ■ ■ ■
B	BROWN	■ ■ ■ ■ ■

SECRET
F4

| E | MAGENTA | ■ ■ ■ ■ ■ |

H	PINK	■ ■ ■ ■ ■
I	DARK GREEN	■ ■ ■ ■ ■
J	GREEN	■ ■ ■ ■ ■
K	YELLOW GREEN	■ ■ ■ ■ ■
L	AQUA GREEN	■ ■ ■ ■ ■
M	DARK BLUE	■ ■ ■ ■ ■
N	MEDIUM BLUE	■ ■ ■ ■ ■
O	BLUE	■ ■ ■ ■ ■
P	LIGHT BLUE	■ ■ ■ ■ ■
	WHITE	■ ■ ■ ■ ■

1 BLACK	■ ■ ■ ■ ■	
4 DARK RED	■ ■ ■ ■ ■	
6 RED ORANGE	■ ■ ■ ■	
7 ORANGE	■ ■ ■ ■	
8 YELLOW ORANGE	■ ■ ■ ■	
9 YELLOW	■ ■ ■ ■	
A DARK BROWN	■ ■ ■ ■	
B BROWN	■ ■ ■ ■	

SECRET
F5

E MAGENTA	■ ■ ■ ■ ■
F DARK VIOLET	■ ■ ■ ■ ■
I DARK GREEN	■ ■ ■ ■
J GREEN	■ ■ ■ ■
K YELLOW GREEN	■ ■ ■ ■ ■
M DARK BLUE	■ ■ ■ ■ ■
N MEDIUM BLUE	■ ■ ■ ■
O BLUE	■ ■ ■ ■
P LIGHT BLUE	■ ■ ■ ■
WHITE	■ ■ ■ ■ ■

| 1 | BLACK | ▢ ▢ ▢ ▢ ▢ |

4	DARK RED	▢ ▢ ▢ ▢
5	RED	▢ ▢ ▢ ▢
6	RED ORANGE	▢ ▢ ▢ ▢
7	ORANGE	▢ ▢ ▢ ▢
8	YELLOW ORANGE	▢ ▢ ▢ ▢
9	YELLOW	▢ ▢ ▢ ▢

| D | PEACH | ▢ ▢ ▢ ▢ ▢ |

SECRET
G1

| G | VIOLET | ▢ ▢ ▢ ▢ ▢ |

I	DARK GREEN	▢ ▢ ▢ ▢
J	GREEN	▢ ▢ ▢ ▢
K	YELLOW GREEN	▢ ▢ ▢ ▢
L	AQUA GREEN	▢ ▢ ▢ ▢
M	DARK BLUE	▢ ▢ ▢ ▢
N	MEDIUM BLUE	▢ ▢ ▢ ▢
O	BLUE	▢ ▢ ▢ ▢
P	LIGHT BLUE	▢ ▢ ▢ ▢
	WHITE	▢ ▢ ▢ ▢ ▢

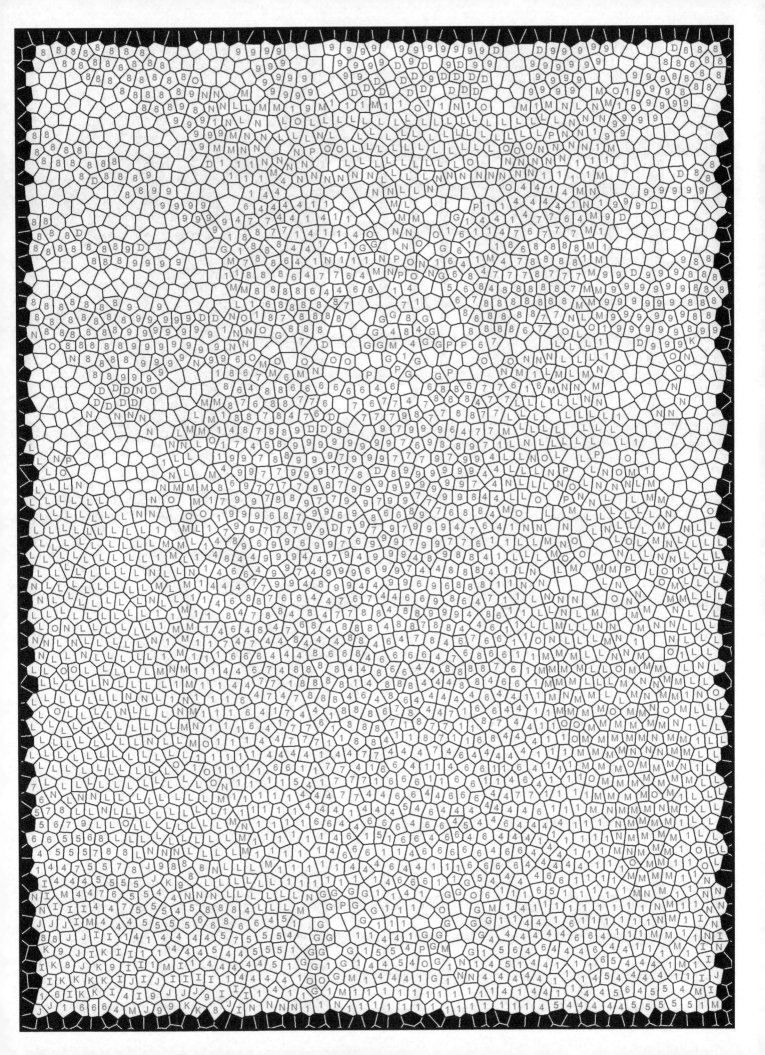

1	BLACK	■ ■ ■ ■ ■

4	DARK RED	■ ■ ■ ■ ■
5	RED	■ ■ ■ ■ ■
6	RED ORANGE	■ ■ ■ ■ ■
7	ORANGE	■ ■ ■ ■ ■
8	YELLOW ORANGE	■ ■ ■ ■ ■
9	YELLOW	■ ■ ■ ■ ■
A	DARK BROWN	■ ■ ■ ■ ■

SECRET
G2

F	DARK VIOLET	■ ■ ■ ■ ■
G	VIOLET	■ ■ ■ ■ ■

I	DARK GREEN	■ ■ ■ ■ ■
J	GREEN	■ ■ ■ ■ ■
K	YELLOW GREEN	■ ■ ■ ■ ■

M	DARK BLUE	■ ■ ■ ■ ■
N	MEDIUM BLUE	■ ■ ■ ■ ■
O	BLUE	■ ■ ■ ■ ■
P	LIGHT BLUE	■ ■ ■ ■ ■
	WHITE	■ ■ ■ ■ ■

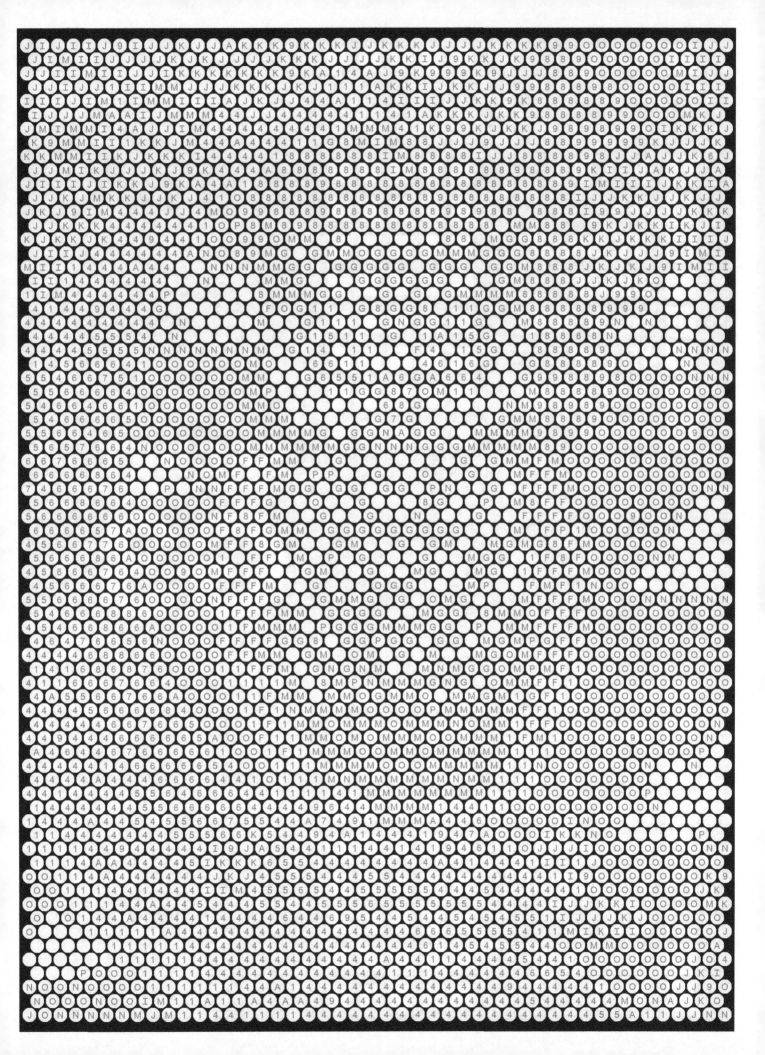

1 BLACK	■ ■ ■ ■ ■	

4 DARK RED	■ ■ ■ ■ ■	
5 RED	■ ■ ■ ■ ■	
6 RED ORANGE	■ ■ ■ ■ ■	
7 ORANGE	■ ■ ■ ■ ■	
8 YELLOW ORANGE	■ ■ ■ ■ ■	
9 YELLOW	■ ■ ■ ■ ■	
A DARK BROWN	■ ■ ■ ■ ■	
B BROWN	■ ■ ■ ■ ■	

SECRET
G3

I DARK GREEN	■ ■ ■ ■ ■	
J GREEN	■ ■ ■ ■ ■	
K YELLOW GREEN	■ ■ ■ ■ ■	
L AQUA GREEN	■ ■ ■ ■ ■	
M DARK BLUE	■ ■ ■ ■ ■	
N MEDIUM BLUE	■ ■ ■ ■ ■	
O BLUE	■ ■ ■ ■ ■	
P LIGHT BLUE	■ ■ ■ ■ ■	
WHITE	■ ■ ■ ■ ■	

| 1 | BLACK | ■ ■■ ■■ ■■ ■ |

| 4 | DARK RED | ■ ■■ ■■ ■■ ■ |

6	RED ORANGE	■ ■ ■ ■ ■
7	ORANGE	■ ■ ■ ■ ■
8	YELLOW ORANGE	■ ■ ■ ■ ■
9	YELLOW	■ ■ ■ ■ ■

SECRET
G4

H	PINK	■ ■ ■ ■ ■
I	DARK GREEN	■ ■ ■ ■ ■
J	GREEN	■ ■ ■ ■ ■
K	YELLOW GREEN	■ ■ ■ ■ ■
L	AQUA GREEN	■ ■ ■ ■ ■
M	DARK BLUE	■ ■ ■ ■ ■
N	MEDIUM BLUE	■ ■ ■ ■ ■
O	BLUE	■ ■ ■ ■ ■
P	LIGHT BLUE	■ ■ ■ ■ ■
	WHITE	■ ■ ■ ■ ■

| 1 | BLACK | ■ ■ ■ ■ ■ |

| 4 | DARK RED | ■ ■ ■ ■ ■ |

6	RED ORANGE	■ ■ ■ ■ ■
7	ORANGE	■ ■ ■ ■ ■
8	YELLOW ORANGE	■ ■ ■ ■ ■
9	YELLOW	■ ■ ■ ■ ■
A	DARK BROWN	■ ■ ■ ■ ■

| C | TAN | ■ ■ ■ ■ ■ |

SECRET
G5

I	DARK GREEN	■ ■ ■ ■ ■
J	GREEN	■ ■ ■ ■ ■
K	YELLOW GREEN	■ ■ ■ ■ ■
L	AQUA GREEN	■ ■ ■ ■ ■
M	DARK BLUE	■ ■ ■ ■ ■
N	MEDIUM BLUE	■ ■ ■ ■ ■
O	BLUE	■ ■ ■ ■ ■
P	LIGHT BLUE	■ ■ ■ ■ ■
	WHITE	■ ■ ■ ■ ■

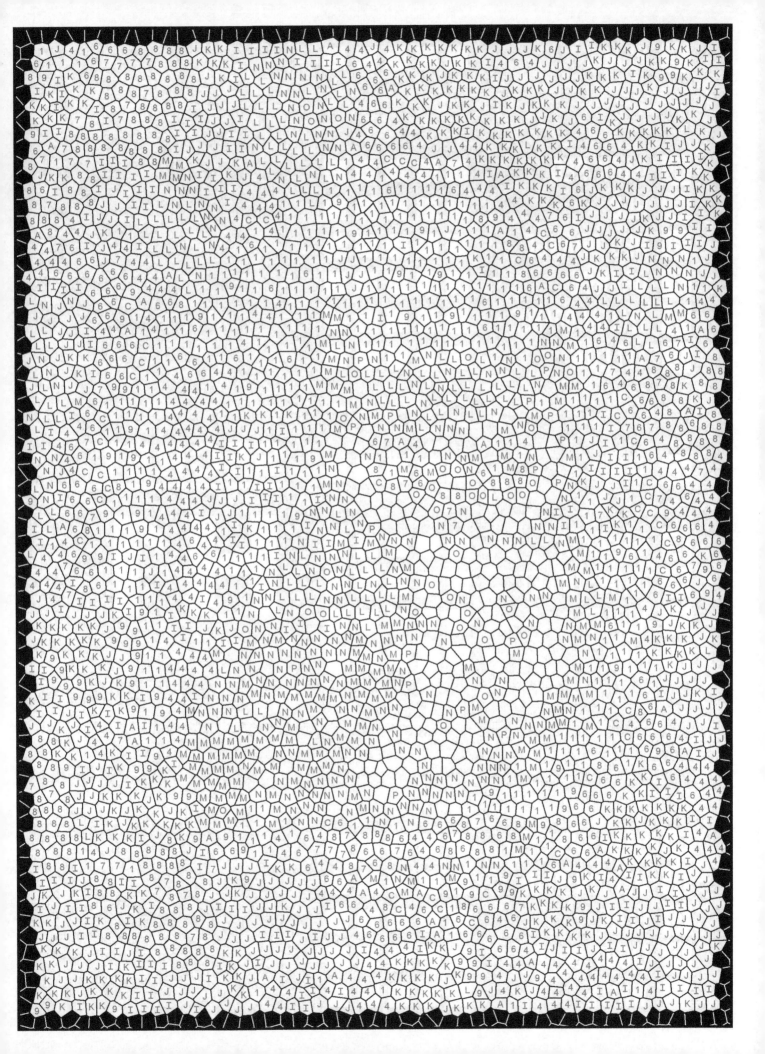

| 1 | BLACK | ■ ■ ■ ■ ■ |

4	DARK RED	■ ■ ■ ■ ■
5	RED	■ ■ ■ ■ ■
6	RED ORANGE	■ ■ ■ ■ ■
7	ORANGE	■ ■ ■ ■ ■
8	YELLOW ORANGE	■ ■ ■ ■ ■
9	YELLOW	■ ■ ■ ■ ■

| C | TAN | ■ ■ ■ ■ ■ |

SECRET

H1

E	MAGENTA	■ ■ ■ ■ ■
F	DARK VIOLET	■ ■ ■ ■ ■
G	VIOLET	■ ■ ■ ■ ■
H	PINK	■ ■ ■ ■ ■

M	DARK BLUE	■ ■ ■ ■ ■
N	MEDIUM BLUE	■ ■ ■ ■ ■
O	BLUE	■ ■ ■ ■ ■
P	LIGHT BLUE	■ ■ ■ ■ ■
	WHITE	■ ■ ■ ■ ■

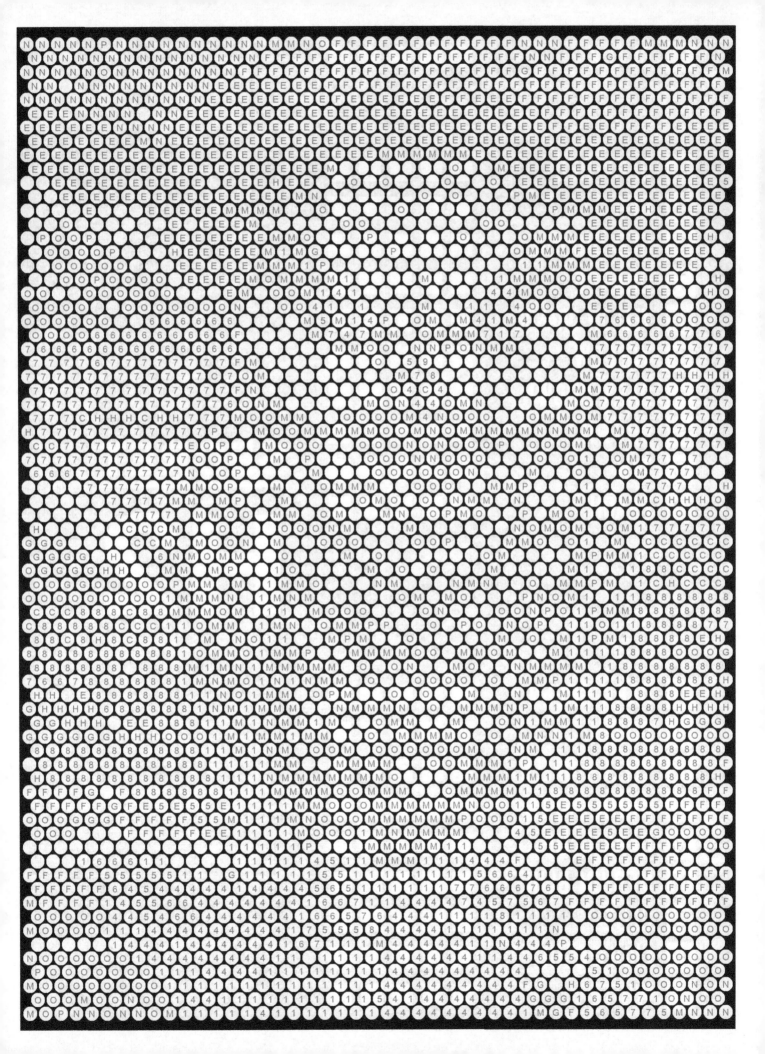

| 1 | BLACK | ☐ | ☐☐ | ☐☐ | ☐ |

4	DARK RED	☐	☐☐	☐☐	☐
5	RED	☐	☐☐	☐☐	☐
6	RED ORANGE	☐	☐☐	☐☐	☐
7	ORANGE	☐	☐☐	☐☐	☐
8	YELLOW ORANGE	☐	☐☐	☐☐	☐
9	YELLOW	☐	☐☐	☐☐	☐
A	DARK BROWN	☐	☐☐	☐☐	☐
B	BROWN	☐	☐☐	☐☐	☐
C	TAN	☐	☐☐	☐☐	☐
D	PEACH	☐	☐☐	☐☐	☐

SECRET
H2

I	DARK GREEN	☐	☐☐	☐☐	☐
J	GREEN	☐	☐☐	☐☐	☐
K	YELLOW GREEN	☐	☐☐	☐☐	☐
L	AQUA GREEN	☐	☐☐	☐☐	☐
M	DARK BLUE	☐	☐☐	☐☐	☐
N	MEDIUM BLUE	☐	☐☐	☐☐	☐
O	BLUE	☐	☐☐	☐☐	☐
P	LIGHT BLUE	☐	☐☐	☐☐	☐
	WHITE	☐	☐☐	☐☐	☐

1 BLACK	■ ■ ■ ■ ■	
4 DARK RED	■ ■ ■ ■ ■	
6 RED ORANGE	■ ■ ■ ■ ■	
7 ORANGE	■ ■ ■ ■ ■	
8 YELLOW ORANGE	■ ■ ■ ■ ■	
9 YELLOW	■ ■ ■ ■ ■	
A DARK BROWN	■ ■ ■ ■ ■	

SECRET
H3

C TAN	■ ■ ■ ■ ■
D PEACH	■ ■ ■ ■ ■
E MAGENTA	■ ■ ■ ■ ■
F DARK VIOLET	■ ■ ■ ■ ■
G VIOLET	■ ■ ■ ■ ■

J GREEN	■ ■ ■ ■ ■
K YELLOW GREEN	■ ■ ■ ■ ■
L AQUA GREEN	■ ■ ■ ■ ■
M DARK BLUE	■ ■ ■ ■ ■
N MEDIUM BLUE	■ ■ ■ ■ ■
O BLUE	■ ■ ■ ■ ■

☐ WHITE	■ ■ ■ ■ ■

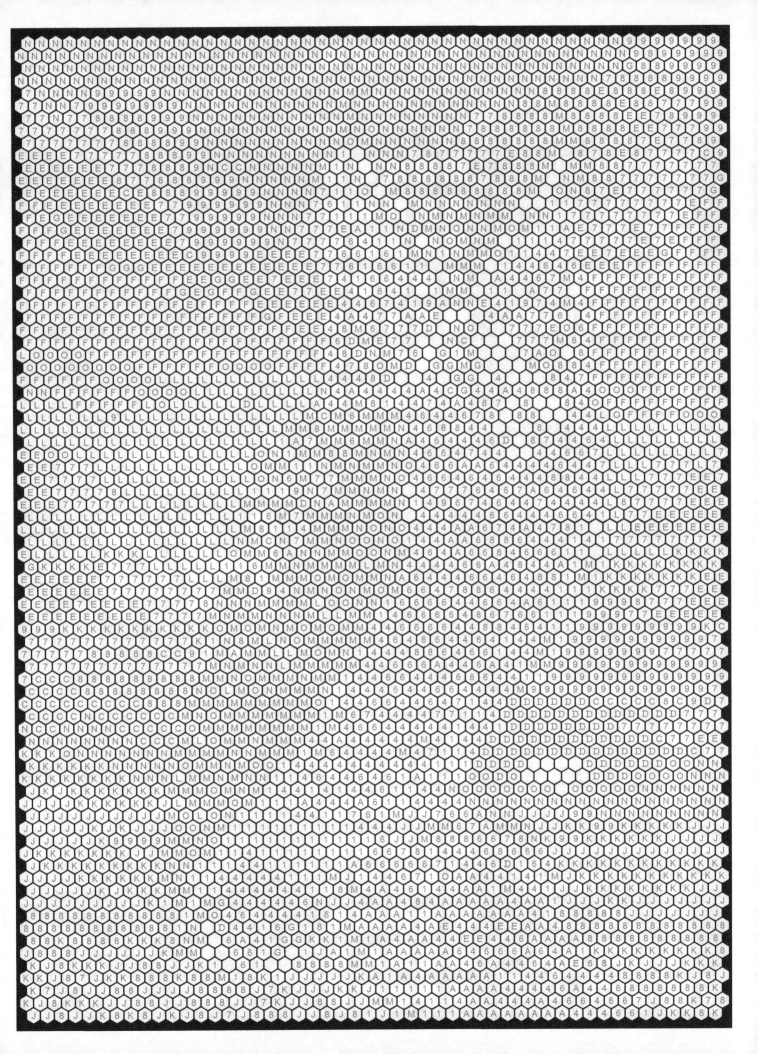

1 BLACK	▫ ▫	▫ ▫	▫

4 DARK RED	▫ ▫	▫ ▫	▫
5 RED	▫ ▫	▫ ▫	▫
6 RED ORANGE	▫ ▫	▫ ▫	▫
7 ORANGE	▫ ▫	▫ ▫	▫
8 YELLOW ORANGE	▫ ▫	▫ ▫	▫
9 YELLOW	▫ ▫	▫ ▫	▫
A DARK BROWN	▫ ▫	▫ ▫	▫
B BROWN	▫ ▫	▫ ▫	▫

SECRET

H4

I DARK GREEN	▫ ▫	▫ ▫	▫
J GREEN	▫ ▫	▫ ▫	▫
K YELLOW GREEN	▫ ▫	▫ ▫	▫
L AQUA GREEN	▫ ▫	▫ ▫	▫
M DARK BLUE	▫ ▫	▫ ▫	▫
N MEDIUM BLUE	▫ ▫	▫ ▫	▫
O BLUE	▫ ▫	▫ ▫	▫
P LIGHT BLUE	▫ ▫	▫ ▫	▫
WHITE	▫ ▫	▫ ▫	▫

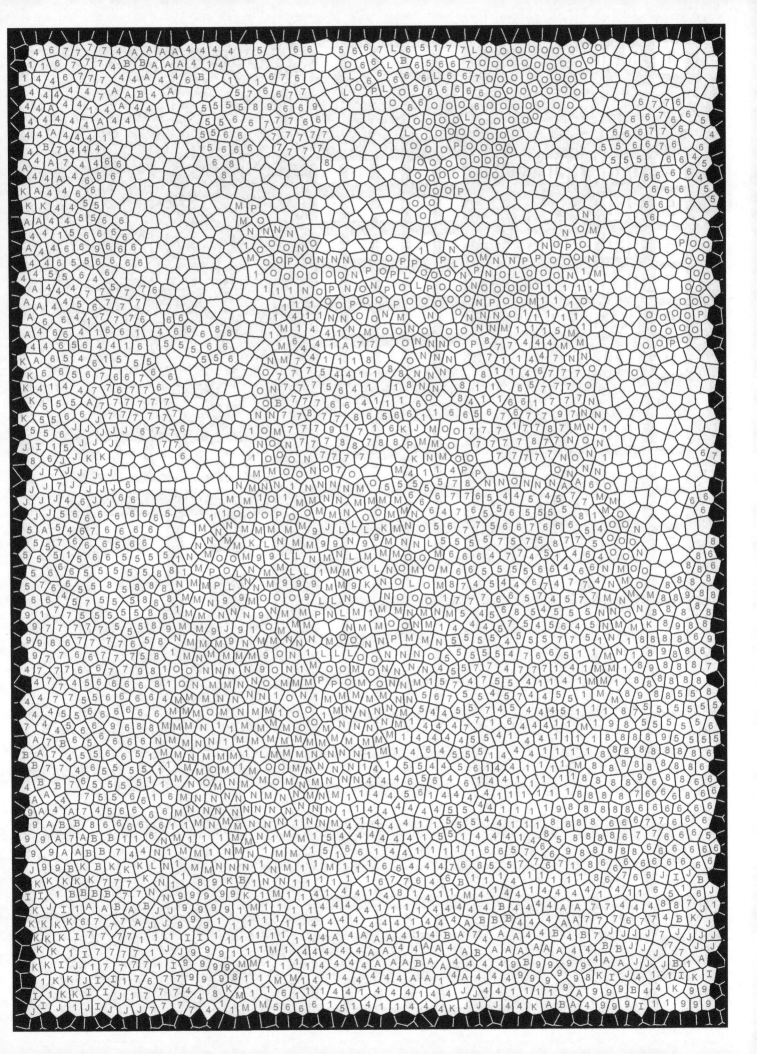

| 1 | BLACK | ■ ■ ■ ■ ■ |

4	DARK RED	■ ■ ■ ■
5	RED	■ ■ ■ ■
6	RED ORANGE	■ ■ ■ ■
7	ORANGE	■ ■ ■ ■
8	YELLOW ORANGE	■ ■ ■ ■
9	YELLOW	■ ■ ■ ■

B	BROWN	■ ■ ■ ■
C	TAN	■ ■ ■ ■
D	PEACH	■ ■ ■ ■
E	MAGENTA	■ ■ ■ ■
F	DARK VIOLET	■ ■ ■ ■
G	VIOLET	■ ■ ■ ■
H	PINK	■ ■ ■ ■
I	DARK GREEN	■ ■ ■ ■
J	GREEN	■ ■ ■ ■
K	YELLOW GREEN	■ ■ ■ ■
L	AQUA GREEN	■ ■ ■ ■

| N | MEDIUM BLUE | ■ ■ ■ ■ |
| O | BLUE | ■ ■ ■ ■ |

SECRET

H5

| | WHITE | ■ ■ ■ ■ ■ |

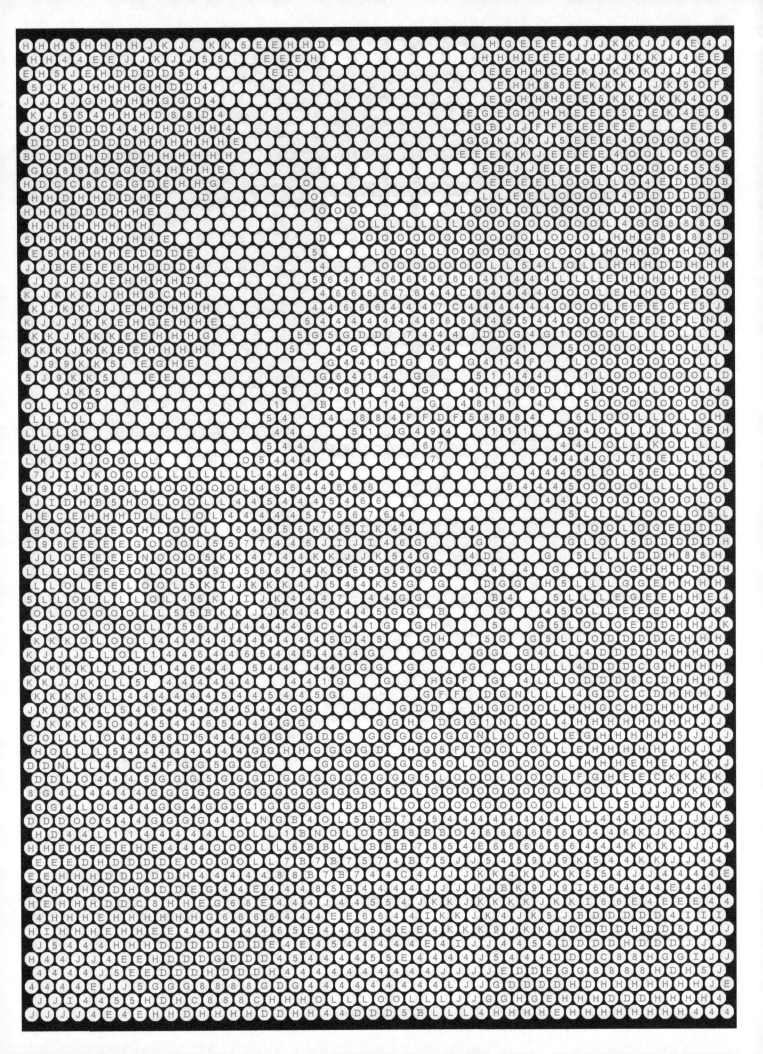

1	BLACK					

4	DARK RED					
5	RED					
6	RED ORANGE					
7	ORANGE					
8	YELLOW ORANGE					
9	YELLOW					
A	DARK BROWN					
B	BROWN					
C	TAN					
D	PEACH					

SECRET
I 1

F	DARK VIOLET					
G	VIOLET					

J	GREEN					
K	YELLOW GREEN					
L	AQUA GREEN					
M	DARK BLUE					
N	MEDIUM BLUE					
O	BLUE					
P	LIGHT BLUE					
	WHITE					

1	BLACK	■ ■ ■ ■ ■

4	DARK RED	■ ■ ■ ■ ■
5	RED	■ ■ ■ ■ ■
6	RED ORANGE	■ ■ ■ ■ ■
7	ORANGE	■ ■ ■ ■ ■
8	YELLOW ORANGE	■ ■ ■ ■ ■
9	YELLOW	■ ■ ■ ■ ■

SECRET
I 2

D	PEACH	■ ■ ■ ■ ■
E	MAGENTA	■ ■ ■ ■ ■
F	DARK VIOLET	■ ■ ■ ■ ■
G	VIOLET	■ ■ ■ ■ ■
H	PINK	■ ■ ■ ■ ■
I	DARK GREEN	■ ■ ■ ■ ■
J	GREEN	■ ■ ■ ■ ■
K	YELLOW GREEN	■ ■ ■ ■ ■
L	AQUA GREEN	■ ■ ■ ■ ■
M	DARK BLUE	■ ■ ■ ■ ■
N	MEDIUM BLUE	■ ■ ■ ■ ■
O	BLUE	■ ■ ■ ■ ■
P	LIGHT BLUE	■ ■ ■ ■ ■
	WHITE	■ ■ ■ ■ ■

| 1 | BLACK | ■ ■ ■ ■ |

4	DARK RED	■ ■ ■ ■ ■
5	RED	■ ■ ■ ■ ■
6	RED ORANGE	■ ■ ■ ■ ■
7	ORANGE	■ ■ ■ ■ ■
8	YELLOW ORANGE	■ ■ ■ ■ ■
9	YELLOW	■ ■ ■ ■ ■
A	DARK BROWN	■ ■ ■ ■ ■

SECRET
I3

I	DARK GREEN	■ ■ ■ ■
J	GREEN	■ ■ ■ ■
K	YELLOW GREEN	■ ■ ■ ■
L	AQUA GREEN	■ ■ ■ ■
M	DARK BLUE	■ ■ ■ ■
N	MEDIUM BLUE	■ ■ ■ ■
O	BLUE	■ ■ ■ ■
P	LIGHT BLUE	■ ■ ■ ■
	WHITE	■ ■ ■ ■

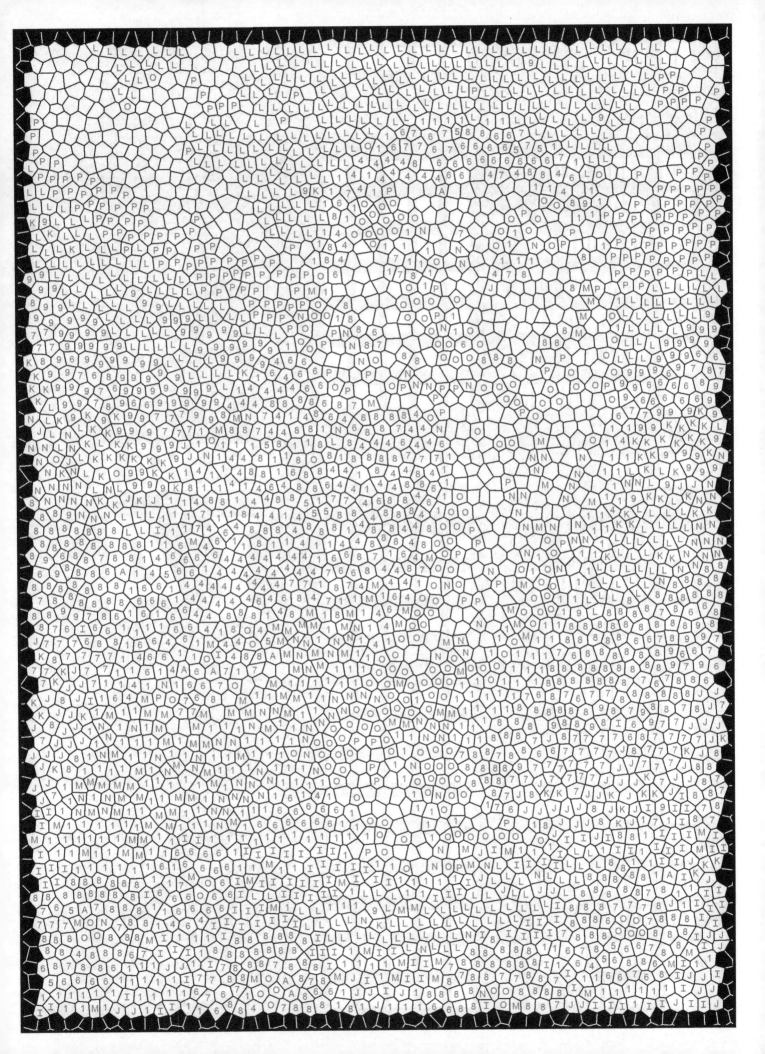

1	BLACK	▪ ▪ ▪ ▪ ▪

4	DARK RED	▪ ▪ ▪ ▪ ▪
5	RED	▪ ▪ ▪ ▪ ▪
6	RED ORANGE	▪ ▪ ▪ ▪ ▪
7	ORANGE	▪ ▪ ▪ ▪ ▪
8	YELLOW ORANGE	▪ ▪ ▪ ▪ ▪
9	YELLOW	▪ ▪ ▪ ▪ ▪
A	DARK BROWN	▪ ▪ ▪ ▪ ▪

C	TAN	▪ ▪ ▪ ▪ ▪

SECRET

14

E	MAGENTA	▪ ▪ ▪ ▪ ▪
F	DARK VIOLET	▪ ▪ ▪ ▪ ▪
G	VIOLET	▪ ▪ ▪ ▪ ▪

I	DARK GREEN	▪ ▪ ▪ ▪ ▪
J	GREEN	▪ ▪ ▪ ▪ ▪
K	YELLOW GREEN	▪ ▪ ▪ ▪ ▪
L	AQUA GREEN	▪ ▪ ▪ ▪ ▪
M	DARK BLUE	▪ ▪ ▪ ▪ ▪
N	MEDIUM BLUE	▪ ▪ ▪ ▪ ▪
O	BLUE	▪ ▪ ▪ ▪ ▪
P	LIGHT BLUE	▪ ▪ ▪ ▪ ▪
	WHITE	▪ ▪ ▪ ▪ ▪

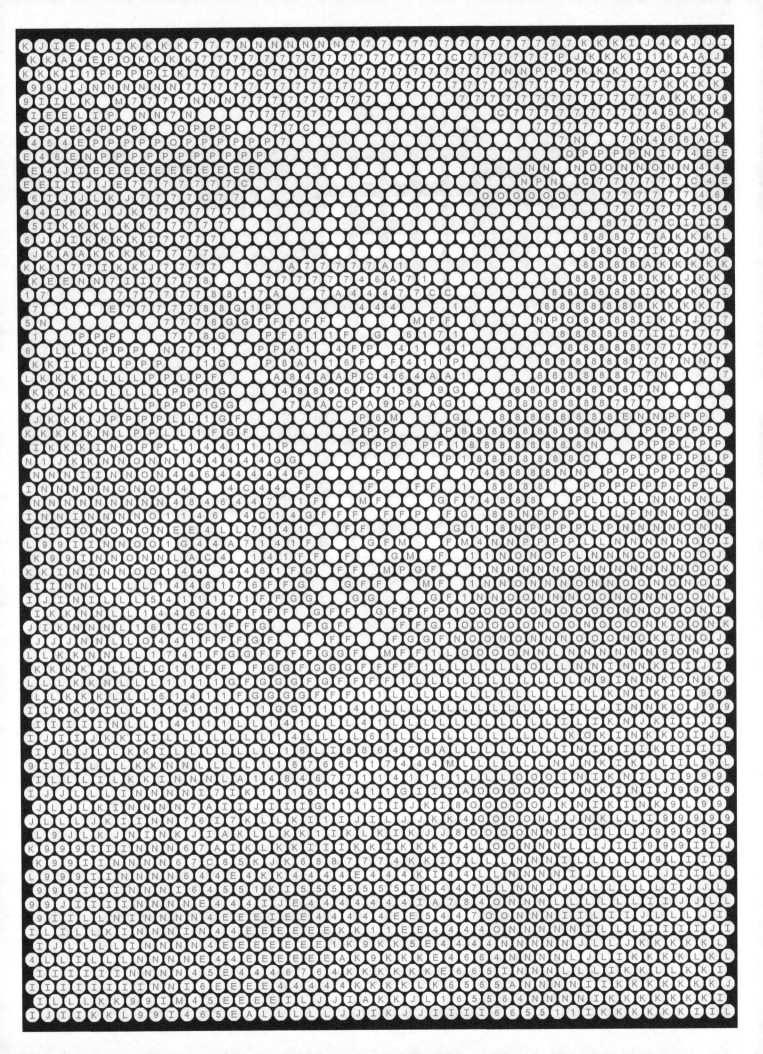

1	BLACK

4	DARK RED
5	RED
6	RED ORANGE
7	ORANGE
8	YELLOW ORANGE
9	YELLOW
A	DARK BROWN

C	TAN
D	PEACH
E	MAGENTA

SECRET

I 5

I	DARK GREEN
J	GREEN
K	YELLOW GREEN
L	AQUA GREEN
M	DARK BLUE
N	MEDIUM BLUE
O	BLUE
P	LIGHT BLUE
	WHITE

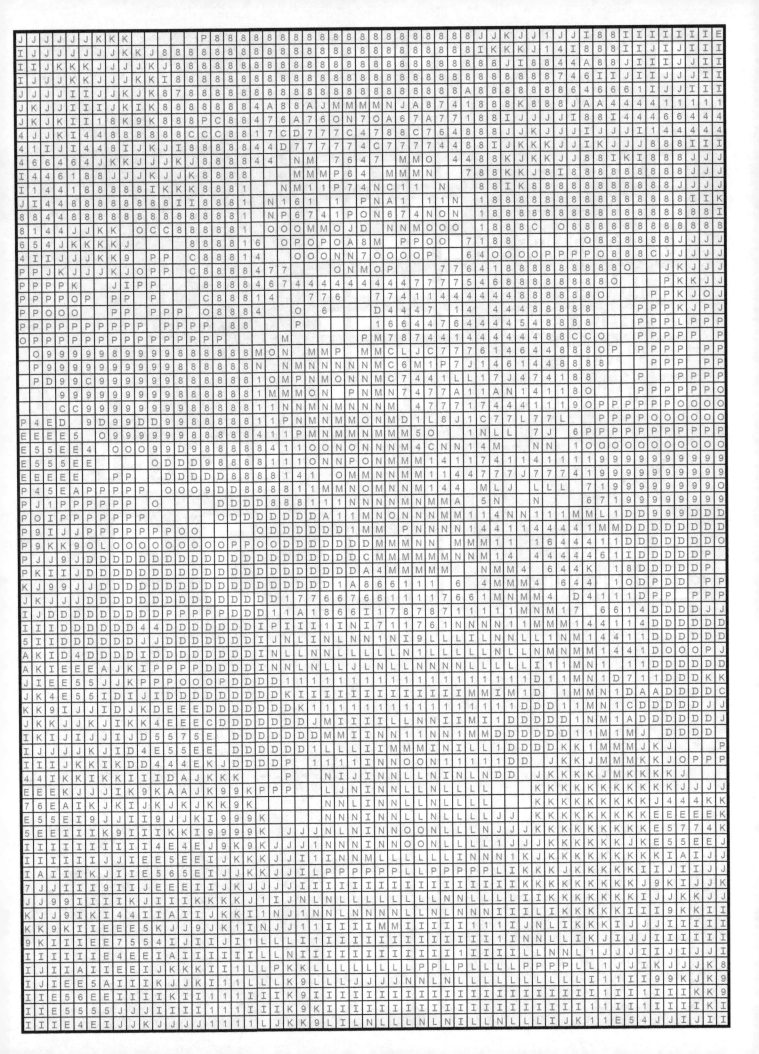

1	BLACK	▪ ▪ ▪ ▪ ▪

4	DARK RED	▪ ▪ ▪ ▪ ▪
5	RED	▪ ▪ ▪ ▪ ▪
6	RED ORANGE	▪ ▪ ▪ ▪ ▪
7	ORANGE	▪ ▪ ▪ ▪ ▪
8	YELLOW ORANGE	▪ ▪ ▪ ▪ ▪
9	YELLOW	▪ ▪ ▪ ▪ ▪
A	DARK BROWN	▪ ▪ ▪ ▪ ▪

SECRET
J1

E	MAGENTA	▪ ▪ ▪ ▪ ▪
F	DARK VIOLET	▪ ▪ ▪ ▪ ▪
G	VIOLET	▪ ▪ ▪ ▪ ▪

L	AQUA GREEN	▪ ▪ ▪ ▪ ▪
M	DARK BLUE	▪ ▪ ▪ ▪ ▪
N	MEDIUM BLUE	▪ ▪ ▪ ▪ ▪
O	BLUE	▪ ▪ ▪ ▪ ▪
P	LIGHT BLUE	▪ ▪ ▪ ▪ ▪
	WHITE	▪ ▪ ▪ ▪ ▪

1	BLACK	■ ■ ■ ■ ■
4	DARK RED	■ ■ ■ ■ ■
6	RED ORANGE	■ ■ ■ ■ ■
7	ORANGE	■ ■ ■ ■ ■
8	YELLOW ORANGE	■ ■ ■ ■ ■
9	YELLOW	■ ■ ■ ■ ■
A	DARK BROWN	■ ■ ■ ■ ■
B	BROWN	■ ■ ■ ■ ■
C	TAN	■ ■ ■ ■ ■
D	PEACH	■ ■ ■ ■ ■
E	MAGENTA	■ ■ ■ ■ ■
G	VIOLET	■ ■ ■ ■ ■
H	PINK	■ ■ ■ ■ ■
I	DARK GREEN	■ ■ ■ ■ ■
J	GREEN	■ ■ ■ ■ ■
K	YELLOW GREEN	■ ■ ■ ■ ■
L	AQUA GREEN	■ ■ ■ ■ ■
M	DARK BLUE	■ ■ ■ ■ ■
N	MEDIUM BLUE	■ ■ ■ ■ ■
O	BLUE	■ ■ ■ ■ ■
P	LIGHT BLUE	■ ■ ■ ■ ■
	WHITE	■ ■ ■ ■ ■

SECRET
J2

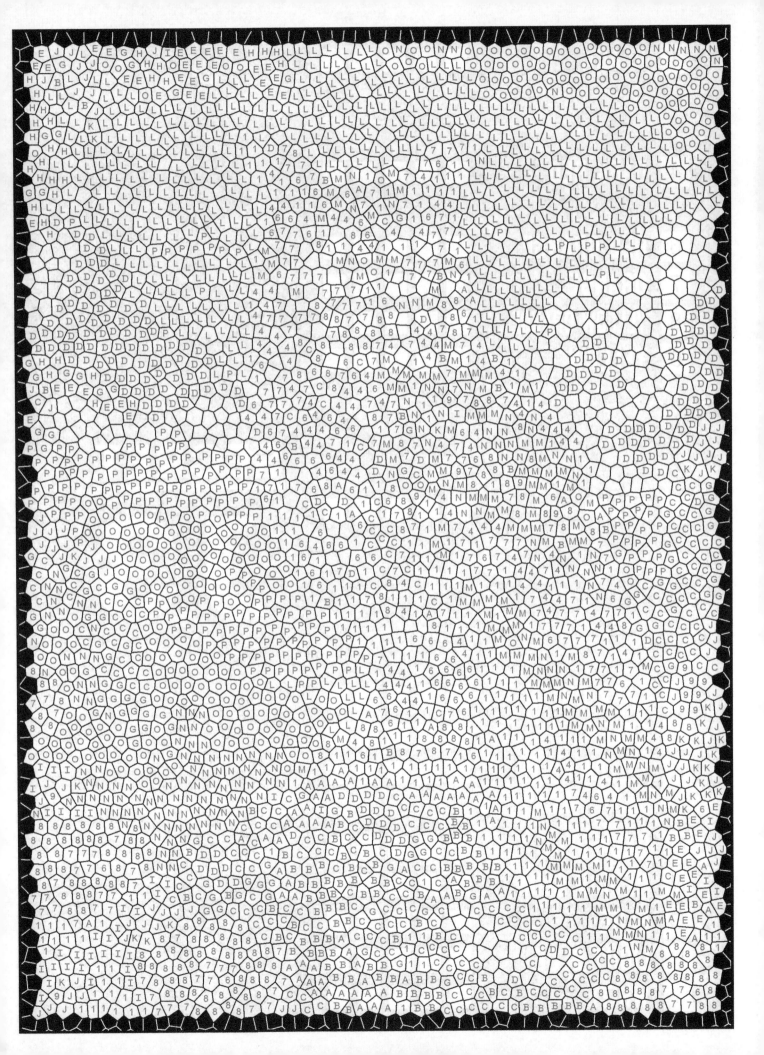

1	BLACK	■ ■ ■ ■ ■
4	DARK RED	■ ■ ■ ■ ■
6	RED ORANGE	■ ■ ■ ■
7	ORANGE	■ ■ ■ ■
8	YELLOW ORANGE	■ ■ ■ ■
9	YELLOW	■ ■ ■ ■
D	PEACH	■ ■ ■ ■ ■

SECRET

J3

I	DARK GREEN	■ ■ ■ ■
J	GREEN	■ ■ ■ ■
K	YELLOW GREEN	■ ■ ■ ■
M	DARK BLUE	■ ■ ■ ■
N	MEDIUM BLUE	■ ■ ■ ■
O	BLUE	■ ■ ■ ■
P	LIGHT BLUE	■ ■ ■ ■
	WHITE	■ ■ ■ ■

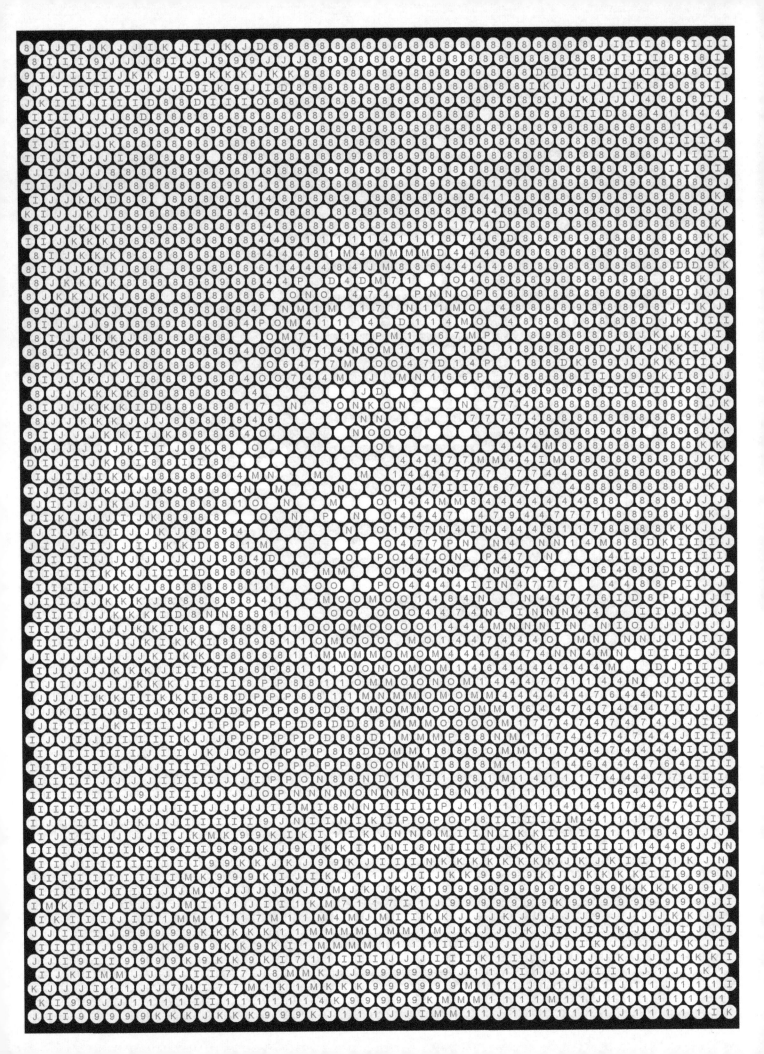

| 1 | BLACK | | | | | |

| 4 | DARK RED | | | | | |

6	RED ORANGE					
7	ORANGE					
8	YELLOW ORANGE					

| A | DARK BROWN | | | | | |
| B | BROWN | | | | | |

D	PEACH					
E	MAGENTA					
F	DARK VIOLET					

| H | PINK | | | | | |

SECRET
J4

L	AQUA GREEN					
M	DARK BLUE					
N	MEDIUM BLUE					
O	BLUE					
P	LIGHT BLUE					
	WHITE					

1	BLACK	▢ ▢ ▢ ▢ ▢

4	DARK RED	▢ ▢ ▢ ▢ ▢
5	RED	▢ ▢ ▢ ▢ ▢
6	RED ORANGE	▢ ▢ ▢ ▢ ▢

8	YELLOW ORANGE	▢ ▢ ▢ ▢ ▢
9	YELLOW	▢ ▢ ▢ ▢ ▢
A	DARK BROWN	▢ ▢ ▢ ▢ ▢

SECRET

J5

E	MAGENTA	▢ ▢ ▢ ▢ ▢
F	DARK VIOLET	▢ ▢ ▢ ▢ ▢
G	VIOLET	▢ ▢ ▢ ▢ ▢
H	PINK	▢ ▢ ▢ ▢ ▢
I	DARK GREEN	▢ ▢ ▢ ▢ ▢
J	GREEN	▢ ▢ ▢ ▢ ▢
K	YELLOW GREEN	▢ ▢ ▢ ▢ ▢
L	AQUA GREEN	▢ ▢ ▢ ▢ ▢
M	DARK BLUE	▢ ▢ ▢ ▢ ▢
N	MEDIUM BLUE	▢ ▢ ▢ ▢ ▢
O	BLUE	▢ ▢ ▢ ▢ ▢
P	LIGHT BLUE	▢ ▢ ▢ ▢ ▢
	WHITE	▢ ▢ ▢ ▢ ▢

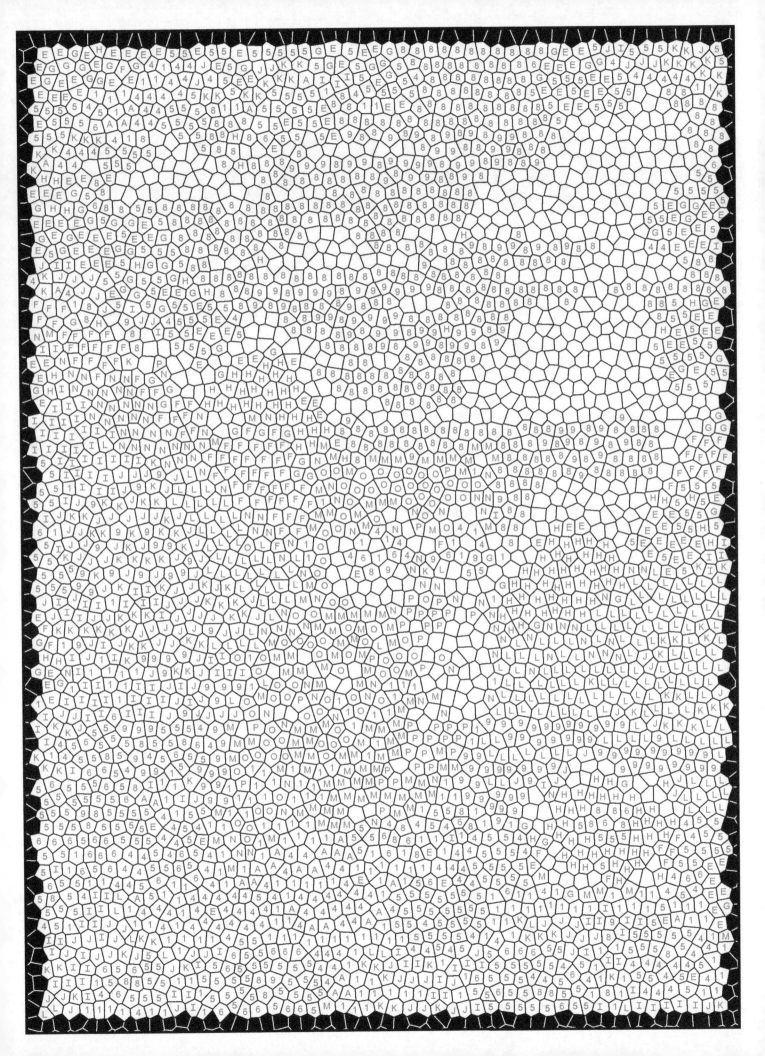

CONGRATULATIONS ON YOUR ACCOMPLISHMENT!

- Explore more pixel coloring books from Pipo Pixel -

SCAN ME

amazon.com/author/pipopixel

SCAN ME

instagram.com/pipo_pixel/

THANK YOU

Thank you sincerely for selecting Pipo Pixel to indulge your love for coloring. We trust this coloring book will provide you with a sense of relaxation & tranquility. Wishing you all the very best.

Should you have any feedback, we would be delighted to hear it. Please do not hesitate to contact us at this email:

CustomerPipoPixel@gmail.com

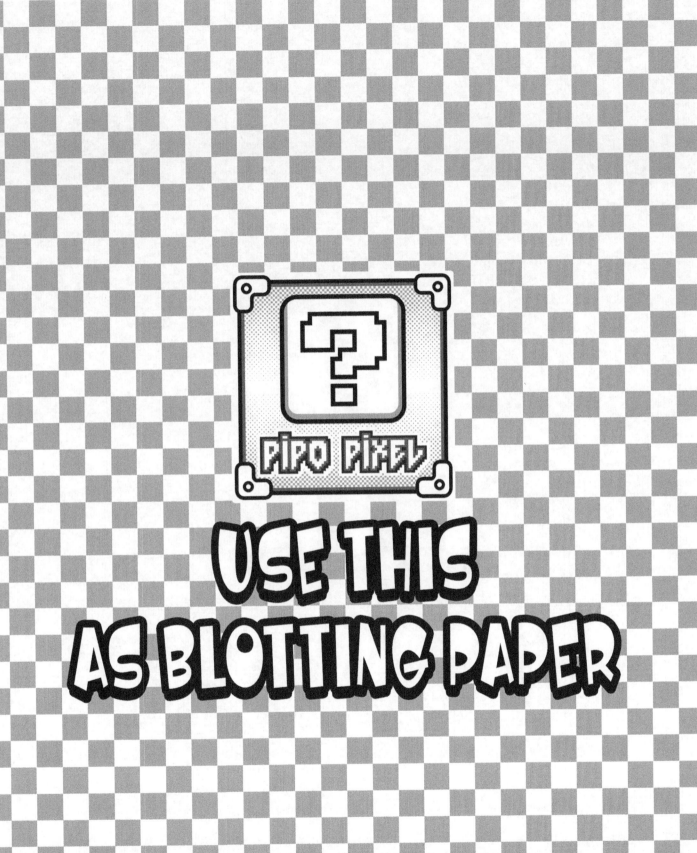

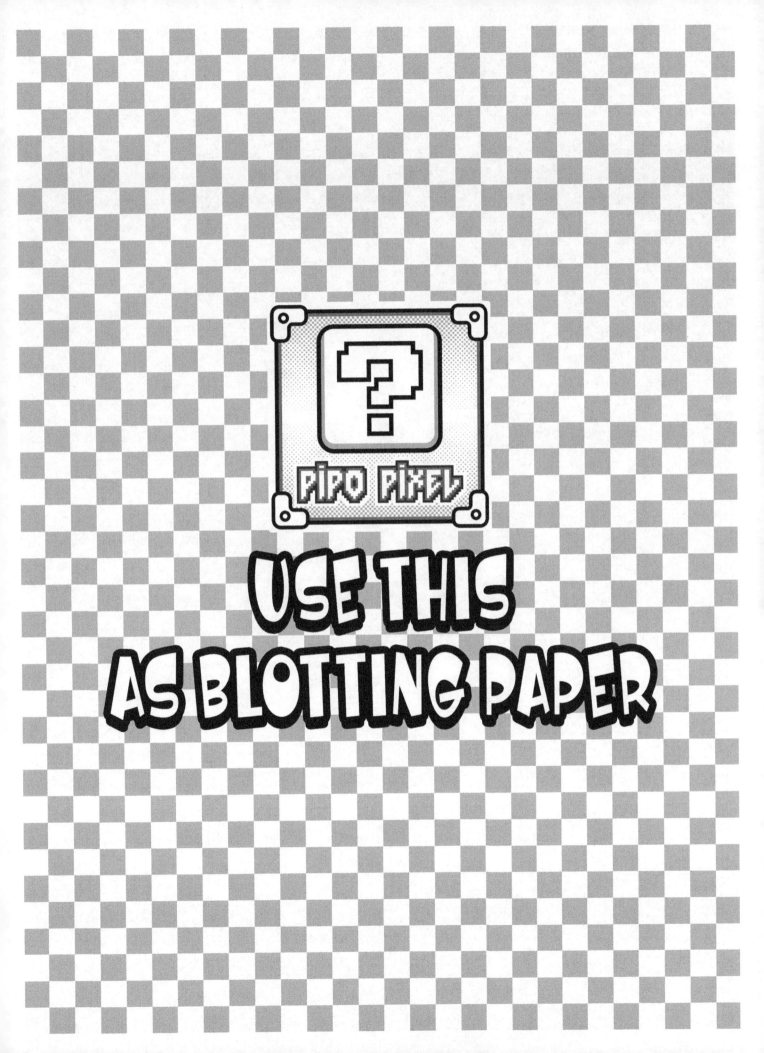

Made in the USA
Las Vegas, NV
17 November 2024

11974813R00070